STEP UP

全学年対応
社会科授業アイデア

監修 石井英真
由井薗健

著 子どもとつくる
社会科授業研究会

村上春樹
編集 長瀬拓也
秋山貴俊

明治図書

はじめに

　本書は，「社会科をもっと好きになってほしい」「もっと楽しい社会科授業にしたい」という先生たちの想いに応えるため，「ステップアップ」というテーマで実践をまとめた一冊です。執筆者は，全国の若手・中堅の社会科実践者が集いました。これからの社会科教育を担うメンバーだと自負しています。監修には，京都大学の石井英真先生，筑波大学附属小学校の由井薗健先生にお願いをしました。

　社会科はなかなか難しい教科と言われています。

　社会科実践に大きな功績を残した長岡文雄は「社会科は生き方に関わる教科」であり，「社会科におじけづくのは早すぎる」（長岡文雄『若い社会科の先生に』黎明書房）と述べています。長岡の書籍は，もう40年近く前に発刊されたものですから，随分と前から「社会科は難しい」と敬遠されてきた教科であることは否めません。

　しかし，長岡の言うように「社会科におじけづくのは早すぎる」と私たちも思っています。アイデア次第でステップアップできる教科でもあります。

　震災や戦争，病気など様々な不安が私たちを覆う今の社会情勢だからこそ，自分の生き方を学べる教科である社会科は貴重な存在です。

　たくさんの実践を本書に残しました。はじめから読み進めてもらっても構いません。または，教室やご自宅の本棚に置いていただき，昨年よりさらに実践を深めたい時，もっと楽しい授業をつくりたい時，社会科実践の事典のようにお使いくださっても構いません。

　私たちと共に，子どもたちと社会科を深く，楽しく学んでみませんか。

編著者一同

contents

第1章　社会科「ステップアップ」授業づくりのコツ

第2章　「ステップアップ」社会科授業づくり　3・4年

第3章 「ステップアップ」社会科授業づくり　5年

☆5年の社会科をステップアップするためのコツ

第4章 「ステップアップ」社会科授業づくり 6年

ステップアップするために

学びへの導入としての授業

　社会科においては，教科書のトピックをまんべんなく扱い詰め込む網羅主義と，活動あって学びなしの活動主義の両極の間を揺れ動きがちです。社会科におけるネタや追究の重視は，網羅主義や暗記教科のイメージからの脱却を目指すものですが，その意味は，導入で子どもの興味・関心をくすぐる，学び方を身に付けることに解消されるものではありません。

　授業とは学びへの導入であって，材（教材や題材や学習材）と深く対話し学習への関与が高まることで，学校で学んだ先に子ども達は授業や教師を学び超えて，さらに関心の幅を広げて学び始めたり生活世界を豊かにしていったりします。真の主体性は授業の入口よりも出口に表れるものです。たとえば，ふだん何気なく食べている給食を題材に追究した先に農作物という観点からそれが意識化されるように，ネタとは，子ども達をひき付け学びに誘うだけではなく，学んだ先に生じる生活の風景の違いを実感するための「窓」でもあります。そして，追究とは，その問いと答えの間の長さで，考える力や粘り強さや学び方を育てるだけでなく，自身の何気ない生活の中に社会（世の中）とのつながりを発見し，その中に生きる社会的な存在として自分を捉え直す，触発と「見直し」（リフレクション）のプロセスでもあります。

　その際，「なぜこれはそうなっているのか」，「なぜこのことがこの時に起こったのか」といった，社会事象の必然性を構造的に捉える「眼鏡」（概念装置）を構築することを忘れてはなりません。社会は人がつくりますが，人は社会に規定されます。人々の思いや工夫には解消されない社会構造やシステムに目を向けてこそ，真に当事者が埋め込まれている文脈やその人から見えている風景がリアルに想像でき，他人事の「同情（sympathy）」ではなく，当事者意識につながる「共感（empathy）」を育てていくことができるのです。

クイズのように物知りを競う授業を超えて，明快な解説で，あるいは逆に，みんなであれこれ考えた結果，「スッキリわかって楽しい授業」を展開できることは重要です。さらにその先に，なじみ深くて特にひっかかることもなく関心もなく過ごしていた日常生活について，実はわかっていないことだらけで，知れば知るほどわからないことが出てくるけど，それが面白いかもといった，「モヤモヤするけど楽しい授業」になってくるとよいでしょう。本書では，「誰もが参加でき，『生き方』に触れ，『どう生きるか』と実感できる」（18頁）社会科授業のあり方が探究されていますが，その意味は，こうした「学びへの導入としての授業」という観点から理解するとよいでしょう。

　授業とは，子どもが材と出会い，それと対話・格闘する過程を組織化することを通して，素朴な認識や生活をより知的で文化的でパブリックな認識や生活へと組み替えていく過程です。ゆえに，授業を創ったり検討したりする際には，子ども，教材，指導法の三つの視点で考えていくことになります。近年，「○○な学び」という改革のキーワードが次々と示される中で，授業のプロセスにあれもこれも盛り込まねばという意識が高まったりもして，指導案において，教材観と子ども観が消失あるいは形骸化し，指導観のウェイトが肥大化してはいないでしょうか。「『武士』とは，……である」といった教材主語で教材観を書けているでしょうか。逆に，子ども観も，目の前の子ども一人一人や学級の具体的な育ちをふまえて，教材に即したつまずきもイメージしながら書けているでしょうか。目の前の子どもの認識や生活の現状はどのようなもので，それがこの教材と向き合い学んだ先にどう変容するのかという学びの具体を議論できているでしょうか。

　真に子ども主体の学びは，子どもを動かす手法で教師が授業をすることによってはもたらされません。子どもと教材，この二つへの理解が深まることなくして，長期的に見て教師としての成長は望めません。教材主語で教材理解，教科内容理解を深めつつ，子ども主語で授業における学びと成長をイメージするわけです。読み聞かせのように，子ども達と共に世の中をまなざし，問いを投げかけ合い学び合う共同注視関係が肝要です。　　　　（石井　英真）

ステップアップするために 実践者の視点から

一人一人の「情意」を引き出す指導を

「先生, 聞いて！ 私, 気になって昨日スーパーの店長さんにもう一度インタビューしてきちゃったんだけど, 実はね…」「僕, 昨晩ネットでもう一度調べたら, 自分の考えが変わってきちゃった。今日の授業で, みんなの意見がメッチャ気になる…」。自らの力で調べ, 考えてきた子どもの目は輝き, その言動には勢いがあります。社会科教師として, 本当に嬉しい瞬間です。それは, まさに「学び超え」を子どもが成し遂げた瞬間とも言えます。

　現在, 私たちを取り巻く現代社会は, 自然災害や地球規模に広がる環境問題や紛争, 感染症など, 深刻な問題が山積みです。これらは, SDGs で提唱されるまでもなく, 私たち一人一人の生活や生き方に直接かかわる問題であり, 他人事ではなく「自分たちの問題」として受けとめ, その解決に向けてかかわっていかなくてはならない段階に至っています。私たち社会科教師は, 今こそこれらの問題を正面から受けとめ, 子どもたち一人一人が, 社会的事象に対して問いをもち,「自分たちの問題」（学習問題）として追究しながら社会認識を深めていくとともに, みんなが幸せになるためにどうすればよいのか,「自分ならではの考え」を問い続けていく…。このような実践へのステップアップをめざしていく必要があると考えます。そして, このようなステップアップを具現化するためには, **子どもたち一人一人の「情意」（豊かな感性, 強い正義感, 偽らざる気持ち）を引き出す**ことがポイントとなります。すなわち, 本書で述べる「子どもたちと教師が教材を通して共につくり上げる」社会科授業を通して, ①子どもたち一人一人の「情意」を揺さぶり, 顕在化させ（ファシリテート）, ②顕在化させた「情意」を活かして学習問題を成立させ（コーディネート）, ③一人一人の追究を「学び」として振り返らせる（サポート）という教師の指導によって具現化されるのです。

①「人のいる風景」をじっくりと見つめることを通して

　社会的事象を「人のいる風景」としてじっくりと見つめさせること，つまり，社会的事象と人をトータルに捉えることによって，子どもたち一人一人の中にある「情意」を揺さぶり，「おかしいよ！」「ひどい！」「えっ，そんなに？」「私はこっちの立場なんだけど…」という「情意」を「つぶやき」として顕在化させるのです（ファシリテート）。その根底として，社会科授業や日々の学級経営においても，「大多数の利益のために少数が犠牲になる」という「社会問題」に対して子どもたちの関心を高めていく必要があります。

②「事実とのインパクトのある出会い」から「自分たちの問題」を

　ただ，学習問題を「自分たちの問題」として成立させることは，決して容易なことではありません。そこで，「おかしいよ！」（これまでの経験をくつがえす事実との出会いから），「ひどい！」（怒りなどの心情に訴える事実との出会いから），「えっ，そんなに？」（数量に対する驚きを呼び起こす事実との出会いから），「こっちの立場なんだけど…」（価値の対立を引き起こす事実との出会いから）という子どもたちの「つぶやき（『情意』）」がわき出るような「事実とのインパクトのある出会い」を「演出（教材提示や発問の工夫)」（コーディネート）することにより，学習問題を子どもたちが自ら見いだし，「自分たちの問題」として追究していけるようにするのです。

③「自分にしか書けないこと」を「振り返り」に綴ることで

　「学び」とは，「授業を通して自分の〈生き方〉が問われ，その確立や再構築が遂げられる活動」と言われています。ふだんの授業を一人一人の「学び」に発展させるためには，「自分にしか書けないこと」を綴る「振り返り」が必要不可欠です。そのためには，一人一人が自分を主語にして，「自分たちの問題」に対する「自分ならではの考え」を，根拠となる事実だけでなく「自分の気持ち（『情意』）」も入れて「振り返り」が綴れるよう，そして，子どもたち自身が，そのような「振り返り」のよさを感得し，書き方も提案していけるよう指導（サポート）していくことが大切です。

（由井薗　健）

第1章

社会科「ステップアップ」授業づくりのコツ

質の良い授業とは何か

1 授業とは子どもたちとの学びの作品

　教師をめざす方，教師の方は，「良い授業をしたい」と多くの方が望んでいます。では，良い授業とはどんな授業だと言えるのでしょうか。そして，そもそも授業とはどういう過程として考えれば良いでしょうか。

　石井（2020）は，「授業とは，文化内容を担う「教材」を介して，「教師」と「子どもたち」が相互作用しつつ，文化内容を獲得し，学力を形成していく過程」と位置付けます。その上で，石井（2022a）は「子どもと同じものを "まなざす"「共同注視」関係（カウンターに横並びのような関係性)」の大切さを述べています。

　私は，授業でポイントとなるのが，石井が述べているように「子どもたち」と共に「まなざす」関係づくりがまず大切だと考えます。

　つまり，授業は，一人で学ぶものではありません。オンラインで動画を見ながら一人で学ぶことができる「学習」は可能です。しかし，みんなで話し合ったり，考えを深め合ったりする「授業」はオンラインではなかなかうまくいきません。ここに石井が指摘する「授業の人間性（ドラマ性）」があります。顔を見合わせ，即興的で，お互いに作り上げていく過程が存在します。そのため，オンライン「学習」は可能でも，オンライン「授業」は難しく，コロナ禍で苦労された先生は多かったと思います。

　その上で，授業とは，子どもたちと教師が教材を通して共に見つめ，つくりだす作品であると私は考えています。「今日，良い授業だったな」と思うとき，それは，子どもたちとのドラマが生まれ，一つのアート作品をつくり

終えたような気持ちになるからです。

2 授業でこそ形成できる学力は幅が広い

　その上で，授業で学力を形成するとはどんなことでしょうか。
　市川（2002）は，
- 学んだ結果として身についた力
- 学ぶために必要な力
- 客観的に正確に「測りやすい力」と「測りにくい力」

として，学力を整理しています。
　その中で，私が着目しているのは，市川が「測りにくい力」であり「学ぶ力」に位置づけられる「学習意欲」や「知的好奇心」です。学習意欲とは，鹿毛（2013）によれば，「「学びたい」という欲求や「学習を成し遂げよう」とする意志に根ざした「積極的に学ぼうと思う気持ち」を意味しているといえる」とし，さらには，「思わずがんばっていた」といった無意図的，非意識的側面も含まれるとしています。また，石井は，「入口の情意」と「出口の情意」に分けて考えるべきだと述べています。「入口の情意」とは興味や関心，態度など，授業の進め方を調整する手がかりであり，「出口の情意」は教科の中身に即して形成される態度や行動の変容であると位置付けます（石井2022b）。
　子どもたち同士がお互いに刺激し合い，「もっと学びたい」という思いが高まれば，家庭で学習に取り組むことができます。そうした姿はまさに「出口の情意」の姿であり，「子どもが教師を恒常的に「学び超え」，学校から社会へと飛び出していく」（石井2022a）という「学び超え」の姿であると言えます。授業の質を高めるためには，知識や思考に加え，何よりも学習者の心理的な変容が欠かせません。

社会科で「学び超え」を！
　それが本書のキーワードの一つと言えるでしょう。

3 「やんちゃ」がくいつく授業は良い授業

　大阪府で長年，中学校で社会科教師を務めた河原和之は，「社会科の授業のネタ」として，様々な社会科の実践を続けてきました。

　吉水（2006）の河原実践の研究分析によれば，

　・授業のネタが単に記述的知識の定着強化のために用いられているのではなく，**社会の仕組み**を理解させるために用いられている。

　・学習問題の解決過程には，生徒自身による追究と，連続した問いによる知識の注入の2つのパターンがあり，**授業に変化を持たせる工夫**がある。

　・「**生徒に学力差を感じさせない問い**」は，大人でさえ知らない，しかも生活経験と関連させた新たな事実を現実の情報として与え，生活経験や学校での既習知識としての**基礎的な概念的知識との比較**を通して発見されている。

と明らかにされています（太字は筆者）。

　河原（2014）は，著書の中で「いわゆる「やんちゃ」で，「学習意欲のない」生徒が，なんとかくいつき，彼らなりに，一生懸命，発言し，考えようとした授業の記録である」と述べています。吉水の分析や河原の著作を参考に私なりに図解化すると次の図のようになります。

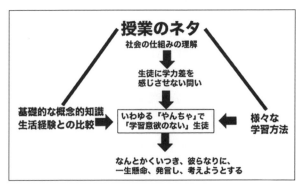

図1-1　河原実践のねらい
出所　吉水（2006），河原（2014）を元に筆者作成

私たちは，良い授業を求める時，どうしても「知識」の結果にこだわってしまうことがあります。それが，社会科が暗記科目であるという意識につながっている可能性は否めません。

　しかし，大切なことは，河原が述べているように，誰もが，なんとかくいつき，彼らなりに，一生懸命，発言し，考えようとした授業ではないでしょうか。河原の実践は一見，いかに興味，関心を持つ教材を提示するかに特化しているように見えます。けれども，その実践の根底には，「やんちゃ」な子が少しでも授業に参加してほしい。授業が楽しかったと思ってほしいという子ども理解（生徒理解）があると考えています。

　河原（2014）も，「楽しく知的興奮のある授業は生徒の目が生き生きとしており，授業終了後も，生徒の満足した顔を見ることができる。扉を開けて教室を出るとき，「今日も楽しかったな！」という生徒の声を聞きたいからである。さらに言えば，授業で生き生き活躍させてくれた教師を「好き」にならなくても，「嫌い」にはならないであろう。授業で培われた信頼関係は，学級経営や行事等の指導でも有効に作用する。特に，私の授業は，生徒指導上，課題のある生徒が活躍する場でもある。課題のある生徒との関係性は生徒指導をはじめ，さまざまな場面で生きてくる」と述べています。

　こうしたことから，良い授業のキーワードは，

- 子どもたちと教師が教材を通して共に授業をつくり上げる
- 学力差を感じさせず，誰もが参加できる
- 「もっと学びたい」と意欲が高まり，信頼関係が高まる

と言えるでしょう。

　成人した教え子と何年か振りに再会し，授業の話になると，「あの授業が面白かった」と言ってくれることがあります。もちろん，お世辞も含まれるのでしょうが，ずっと思い出に残る授業はつくりたいものです。誰もが学力に関係なく参加できることは良い授業のキーワードとなるでしょう。

では，小学校社会科の「良い授業とは」どんな授業だと言えるでしょうか。ここでは，長岡文雄の考えをもとに考えてみましょう。

長岡文雄は，1917年に福岡県に生まれ，福岡県の公立小学校などを経て，奈良女子大学附属小学校で長年勤務し，多くの実践を残しました。退職後は，兵庫教育大学や佛教大学の教授としても勤め，2010年に亡くなりました。長岡の実践は有田和正をはじめ，教師や研究者に多くの影響を与えました。

長岡（1983a）は，「社会科は教えにくい」という声に対して，

社会科におじけづくのは，早すぎる。専門職であろうとする教師は，社会科教育の魅力に一度ふれると，社会科が楽しくなり，子どもと共に社会に体当たりして学習してしまうようになる。子どもの可能性に驚くことができるようになるので，教育全体が活気づいてくる。社会科は，子どもの生き方，教師の生き方にかかわる教科である。「人々のくらしのあり方，その中での自分自身の生き方」に収れんするのか社会科である。

と述べています。

その上で，長岡（1983a）は，「社会科は，子どもたちに「生きる勢いをつけるもの」といってよい。生きている実感を体験できない学習は社会科とはいえない」とも断言します。長岡は，「子どもたちは，切実な問題に対する共同的追究によって，自己変革を余儀なくさせられる」とし，4年生の日記の作文にある「生きている感じ」，「じっと考えこむことができます」という言葉を使い，社会科は「追究が追究を呼ぶ」学習であり，それぞれの追究に対する思いを子ども同士で刺激し合い，生き合う実感を生むと述べています。

このように，社会科授業は，誰もが参加でき，「生き方」に触れ，「どう生きるか」と実感できるものであると言えるでしょう。

2 子どもたちと質の良い授業をつくるために

1 まずは子どもをとらえる

　私たちは，河原や長岡，有田のような優れた授業はすぐにはできません。しかし，長岡が述べているように「おじけづくのはまだ早い」という思いは持ち続けたいものです。

　では，「生き方」にふれながら子どもたちと社会科授業をつくるにはどうすればよいでしょうか。

　それは，河原や長岡が述べているように，まず子どもたちを理解するところから始めたいと考えています。長岡（1986）は「わたくしも，子どもに対して教えたいし，教えなければならないと思う。しかし，「教えるというのは，どういうことか」と自問していくとき，「真に教える」ということは，「子どもをさぐることのなかにしか成立しない」ということが，身にしみてわかってくるのである」と述べ，子どもをさぐっていくように見ていくことが求められます。

　長岡（1986）は，「教師は毎日子どものなかにいながら，案外子どもを見ていない。「見ていない」というより「見えていない」というほうがいいだろう」と述べています。

　私たちは，子どもたちが見えていないと考え，子どもたちの様子を意識して見る（さぐる）ことがまず大切です。

　その上で，

まず見る

見えてくる

共に見る

の3段階が必要になっていくと考えています。

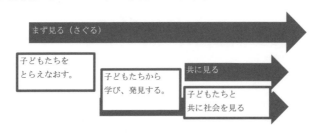

図2−1　子どもを見ること　出所　筆者作成

2　子どもを意識して見ると「見えてくる」

長岡（1986）は次のような方法で子どもを見ようと努めていました。

さまざまな方法で「子どもをとらえなおす」

① 　いつ，どこからでも，驚きを中心に

② 　いろいろな生活の場でさぐる

③ 　子どもが本音をあらわしやすい要所で

④ 　子どもが本音をあらわす場をつくる

⑤ 　ひとりひとりのカルテや座席表をつくっていく

⑥ 　子どもをとらえなおしながら

⑦ 　子どものあらわれを考察する力を養う

⑧ 　「子どもがする評価」を大切に

⑨ 　子どものねがいに迫る

長岡の取り組み

① 「近ごろ変わったこと」をテーマに月例作文を続ける
② 朝の会で「友だちの話」の時間をとる
③ 「毎日帳」で「わたしの考え帳」を書く
④ 学習ノートで自分の考えを書き込む
⑤ 行事との関わりで様子をとらえる
⑥ 親（保護者）との対話で子ども理解を深める
⑦ 遊び時間での会話や様子から子ども理解をすすめる

表2－1　長岡の子どものとらえなおしと取り組み　　出所　長岡（1986）を元に筆者作成

　こうした子どもの「とらえなおし」をすることによって，子どもの思いを捉え，授業に生かすことができます。

　そこで，長岡文雄「近鉄地下乗り入れ工事（3年）」の実践を例に考えてみましょう。

　この授業は，長岡文雄によって1970年に奈良女子大学附属小学校第3学年大単元「奈良の町」の小単元として実践されたものです。当時の奈良市では，通学に直接関係する近鉄地下乗り入れ工事，また，それをめぐるターミナルビルの建設や商店街の変化などが起きました。こうした開発は「子どもたちの興味のまと」（長岡1972）であり，工事は子どもたちの目の前で進んでいました。長岡（1972）は，「子どもたちは，町の変化に強い関心を示している」とし，「子どもたちの追究を支援して，地下乗り入れ工事が，思いがけないような，いろいろなことにささえられながら実現し，また，その実現が，関連するいろいろなことがらに変化を与え，動的なからまりの中に進展することに気づかせたい」とし，奈良の町の近代化の動きについても考えさせたいとしていました。

　指導計画は次のようなものでした。

第1次　追究問題をかためる。

第2次　地下乗り入れ工事を始めた理由を確かめる。

第3次　地下乗り入れ工事の現場を見学して，工事のすすめ方を調べ，油坂駅を廃して大宮駅を新設したり，国鉄との総合駅はつくらなかったりしたことの理由を話し合う。

第4次　地下乗り入れ工事につながって動いたもの，これから動くものをみつけ，実例をあげて話し合う。

第5次　道路の建設についても調べ，町の近代化への動きを考え合う。

　この上で，学習の仕方としては，長岡（1972）は「子どもひとりひとりが，「わたしの研究」をもち，これを土台にして，学級としての共同研究に臨み，研究や授業の進め方についても，アイデアを出しあって，学習を個性的で，実りのあるものにするよう援助してやりたい」と考えました。

　ここで着目すべきは，長岡がつぶさに子どもたちの様子を見つめ，学習の「機」をねらったところです。長岡（1972）は「教材をとり上げる時機は，子どもが対象とかかわる千載一遇の時機となさねばならない」として，この工事を子どもにとって千載一遇の教材として関わらせるにはどうすれば良いかを考え，「その機を熟するのを待ち」続けました。そして，工事に関する子どもたちの関心の表われ方や追究の様子を注意して観察し続け，開通を一ヶ月後に控え，工事に緊迫した空気が立ち込め，関連的な動きも見えやすい11月を選びました。

　近年，カリキュラムマネジメントという考えが広がり，多くの学校現場でこうした取り組みが行われるようになりました。しかしながら既に1970年代に長岡たちによって実践が行われており，その先見性に気づかされます。

　その上で，カリキュラムマネジメントで大切なことは，子どもたちの学び時をいかに見出すかだと考えています。教師の都合だけではなく，子どもたちのために単元を置き換えたり，入れ替えたりすると，子どもたちの学びが

深まります。

　長岡はよく「切実な問い」という言葉を使いました。

　子どもたちにとって切実な問いになるのはどの瞬間か。それをさぐるために，子どもたちをよく見ていくことで，学びどころが見つかります。

3　子どもたちと共に見ていく

　有田和正（1994）は，この長岡の「近鉄地下乗り入れ工事」の実践について次のように述べています。

　授業を進めていくうち，いよいよあす地下鉄の営業開始という前日，「あすの開通によって，どんなものがどうつながって変わるか」という予想をしている。

　これは，未来にかかわることだから，子どもはもちろん，教師も予想するほかに手はない。

　いわば，教師と子どもが同一の基盤に立つもので，長岡実践の特徴の一つがでているといえる。

　社会科の授業では，子どもたちと共にこれからの社会や未来を共に見てほしいと思っています。つまり，社会の事象に対して，子どもたちと一緒に見つめていく，考えていくことです。

　子どもたちを見ることで，子どもの思いが見えてきて，一緒に社会を見ることができる。

　これが社会科授業でとても大切なことだと言えるでしょう。

4　学習問題づくりで若い先生に伝えたいこと

「うまく学習問題が作れなくて大変」

という声をよく聞きます。しかし，長岡の実践や考えにふれ，「子どもの声を聞き，焦らないことが大切」と考えるようになりました。

　単元を通して，徐々に問題が切実になり，意識が高まることがあります。もちろん，すぐ切実な問題として捉え，熱心にどの子も学びに向かえば良いのですが，すぐにはできません。

　そのため，教師は，子どもたちの学びたいと願う「機」をねらい，子どもたちと共に，実践を行うことが大切です。

　しかし，私自身，若い頃から子どもをさぐりながら授業を捉えていたかと聞かれると難しく，正直，上手くいきませんでした。子どもを見ないで，指導計画や教科書だけを見ていたこともあります。忙しさもあり，時間がない中で，仕方がなかった部分もあるでしょう。ただ，そこで立ち止まっていてはいけないと思いました。

　そこで，原点に立ち戻って，子どもを探るつもりで授業をやってみることにしました。子どもの発言や書いた文から子どもが何を考えているか，何を学びに対して欲しているかを考えて授業をしてみました。

　例えば，「くらしを守る」の単元で警察の方について学ぶときに，「聞いてみたいことや話し合ってみたいこと」を書かせ，それぞれが出し合うことから学習を始めました。そこである子が「なぜ，パトロールが必要なのか」を話し合いたいと言いました。まわりの子は，「いやいや，（パトロールは必要だから）それは違う」「パトロールをしなければいけないよ」と途端に否定しました。以前の私であれば，そうした子どもたちのやりとりを流してしまうこともあったかもしれません。

　しかし，そこで，立ち止まってみて，この発言を生かして授業をつくれないかと考えました。パトロールとは何か，パトロールとはどこを見るのか，パトロールは誰を見て，誰のためにするのか。そういったことを考えるだけでも面白い教材や授業が生み出せると考えました。そのきっかけを与えてくれたのは，クラスの子（ここでは，Aさんとします）であるAさんの発言から生まれたものだと言えます。そして，そこには，「パトロールは当たり前」

としていた友達とのずれがあり，そこに学びの奥深さがありました。

　長岡は「共通の問題」という言葉を使いました。「考えあう授業には，みんなで考えあう問題を必要とする」として，次のように述べています。

　関心から共通問題を生むには，そこに焦点化していく働きがある。ひとりひとりの問題があらわになり，おたがいの問題の共通性がはっきりしてこなければならないのである。斎藤君の「消防士は火事を望んでいる」という考えを契機として，みんなは，より深く，具体的に消防士の心がけや職務のありかたなどに迫ろうとしはじめた。みんなの中に，「消防士はどんなに働いているか，お金はどんなにして手に入れるのか」という，共通問題が成立したとみてよかろう。共通問題は，教師が「消防士のようすを調べましょう」と言ったら，すぐ成立するというものではない。みんなが，関心があったとしても，よそごととして，漫然と対していた段階から，おたがいに，それを避けて通れなくなる段階にたち至っていく過程が，そこには必要なのである。

（長岡1972）

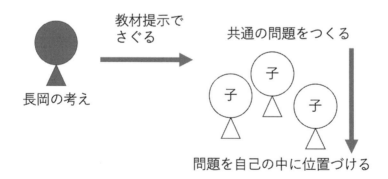

図２－２　長岡が考える学習者の切実性を生み出す試み
出所　長瀬（2022）

「焦らず，じっくりと学習問題を子どもたちと解いていこう」

そんな気持ちで取り組むことがこれからの社会科には必要だと考えています。長岡が「みんなが「今のままではどうにもならない」という気になり，動き出してくるのは，共通の問題が成立してきたのであり，それぞれの子どもが，問題を自己の中にはっきり位置付けた時である」と述べています。最初は子どもたちの心になかなか響かなくても徐々に浸透していくことがあります。子どもの声に耳を傾け，そこから「ずれ」や「話したい」ことを引き出しながら，じっくりと学習問題を考え，学習を進めながら深めていけば良いと考えています。

5 子どもと地域を意識した教材づくりを

長岡（1972）は「考えあう授業においては，共通の問題の成立と解決に意を用いるが，それに欠かせないものは教材である」と述べています。

その上で，長岡は教材について次のように考えました。

長岡が考える教材

(1) 社会のねらいを効果的に達成できるもの。
(2) 子どもが体当たりして追究し，なかまと論争を生んだりするもの。
(3) 多彩な学習活動が生まれるもの。
(4) 一人ひとりが活動でき，発展性のあるもの。
(5) 多面的な見方考え方が出てくるもの。
(6) できるだけ直接経験に訴えられるもの。

表2－2　長岡が考える教材
出所　長岡（1983a）

その上で，長岡（1972）は，「教材は，子どもの診断なしに生まれようがない，医師が患者の診察によって薬を決定してくるのと同様である。ひとりひとりの子どもの考えに矛盾をはらませ，それを解決しようとするエネルギーを生ませ，解決していく資料を提供し，みんなの考えをからませていく役をしていくものでなければならない。教材をこのように考えていけば，教材は，具体的に子どもと教師が取り組んでいく授業のなかで決定されてくるものであることがわかる」と述べています。教材研究は子どもたちの姿，発言，考えを思い浮かべながら進めることで，子どもたちの学びに生かすことができるでしょう。

　また，とくに小学校であれば，地域を意識した教材研究も大切です。長岡（1983a）が，「子どもの学習を，子どもが直接できるところの地域的事象に密着させるだけにとどまらせてはならない。地域的事象の把握を社会事象の普遍的な原理・法則の理解とどうかかわらせるのかが問題になる」と述べているように，住んでいる地域のことを学んで終わりではなく，地域の教材，地域に関係ある教材を用いることで，子どもたちの興味関心を高めるだけではなく，自分たちの生き方にもつながり，将来，社会参画やまちづくりに関わっていくベースになっていきます。

　長岡（1983b）は，「今日の教育は，「〈この子〉から，〈この子〉のために」構想されているだろうか。現実は，あまりにも，平均画一的である。〈この子〉を出発としないで，教師の都合や教材を出発としている。この体質を改めないで，「一人ひとりを大切に」と叫んでいるのは矛盾も甚だしい。まさに滑稽である」と指摘します。そして，「〈この子〉の内面にはいり込み，〈この子〉の可能性を信じ，その芽をはぐくみ，太らせつづけさせなければならない。〈この子〉の生きる筋，生きる核を，息長くつくらせていかねばならない」と述べています。

　この姿勢は河原の「やんちゃで学習意欲のない子をどうするか」と考えたことにつながります。ぜひ，教材研究をするときに，クラスの〈この子〉をイメージしてみるとよいでしょう。

6 子どもたちとつくる社会科授業実践から学ぼう

　拙著『長岡文雄と授業づくり』（黎明書房）でも紹介しましたが，長岡が若い先生に向けたメッセージがあります。

　「「若い」ということは，一心に取り組めるし，失敗を許されるということでもある。きずつくことをおそれず，誠実に問題と取り組みたい。同僚からも指導者からも，遠慮なく助言を受けられるようにしたい。教師が人間として立派に生きていれば，子どもたちも，教師に対して，素直になり，「先生，わかりません」「先生，きょうのはおもしろかった」「先生，もっとこうするとよくわかるとおもうけど」というように反応して助言してくれる。子どものこのような助言をていねいに聞きながら，自らを磨いていくようにしよう」（長岡1983a）

　本書では，第2章から学年別，単元別の実践を紹介していきます。
　理論で紹介した子ども理解の考えや子どもたちとつくる意識で取り組んできた社会科授業の実践です。
　全国の公立，私学，附属学校の実践家の先生に執筆をしていただきました。実践家の先生方が学級づくり，授業づくりを通して，子どもたちとつくりあげた実践を参考に，先生方のより良い授業づくりに生かしてほしいと考えています。

引用・参考図書
・石井英真（2020）『授業づくりの深め方「よい授業」をデザインするための5つのツボ』ミネルヴァ書房
・石井英真（2022a）「提言「子ども主語」の主体的な学びをデザインするために(2)」教育出版『教育情報誌　学びのチカラ　e-na!!　vol.3　2022年9月号』
・https://www.kyoiku-shuppan.co.jp/line/library/topics/2022/0929/0929-2.html（2023

年９月閲覧）
・石井英真（2022b）「新学習指導要領における学習評価のあり方―新３観点をどう捉え評価するか―」『中学校社会科のしおり　2022年度前期号』帝国書院
・https://www.teikokushoin.co.jp/journals/9116-f/（2023年９月閲覧）
・市川伸一（2002）『学力低下論争』筑摩書房
・市川伸一（2023）『これからの学力と学習支援　心理学から見た学び』左右社
・鹿毛雅治（2013）『学習意欲の理論：動機づけの教育心理学』金子書房
・吉水裕也（2006）「関心・意欲を高める社会科の問題発見過程―河原和之氏の授業分析を通して―」岐阜聖徳学園大学紀要教育学部編
・河原和之（2014）『スペシャリスト直伝！　中学校社会科授業成功の極意』明治図書
・長岡文雄（1972）『考えあう授業』黎明書房
・長岡文雄（1983a）『若い社会科の先生に』黎明書房
・長岡文雄（1983b）『〈この子〉の拓く学習法』黎明書房
・長岡文雄（1986）『子どもをとらえる構え』黎明書房
・有田和正（1994）「73　長岡文雄著　考え合う授業」『名著118選でわかる社会科47年史　社会科教育94　９月号臨時増刊　No.396』明治図書
・長瀬拓也（2022）『長岡文雄と授業づくり―子どもから学び続けるために―』黎明書房

（長瀬　拓也）

まとめ

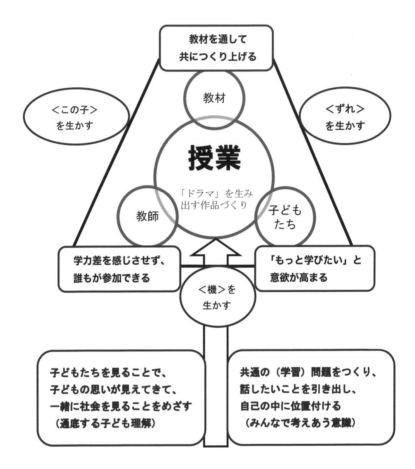

社会を知り、生き方を考え、学びを超える

第2章

「ステップアップ」
社会科授業づくり　3・4年

3・4年の社会科を
ステップアップするためのコツ

　3，4年生の社会科をステップアップさせるために意識したいことは，

社会科って楽しいな

と子どもたちが思えるようにすることです。そのため，

・体験したことを生かす

・自分の意見をたくさん言える

・問いをもって参加できる

ことを意識していきましょう。

　とくに，

体験したことをいかに充実するか

はポイントです。

　体験したことは，子どもたちの学びの資料になります。

　「調べて見たくてうずうずする」と自分で調べてきて話し始めたらうまくいきます。

　見たこと，聞いたこと，ふれたことを，汗を流して語り合う。

　そんなイメージで授業づくりに取り組んでみましょう。

3年 わたしたちの町・市

何度でも「まち探検」に出かけよう

1 単元「わたしたちの町・市」楽しい授業づくりのコツ

(1) 子どもをひきつける！私のオススメ教材

　社会科スタートの単元になります。子どもたちは，この新しい教科がどんな教科なのか，ワクワクしています。「社会科は楽しい！」と子どもたちが思えることが大切です。それと同時に，この教科は，「自分たちが主役なんだ！」と実感させることも重要です。子どもたちが主体的に学習できるようにするために，画像や動画の有効に活用することも大切です。

　もちろん，実際に歩いたり訪問したりするほうが多くの気づきや学びを得ることができます。しかし，学校の事情などで何度も外出できなかったり，天候に左右されたりと，4月の「まち探検」はなかなか難しいので，下見と同時に資料集めをすることをオススメします。

(2) 子どもが熱中する学習方法

　子どもたちと学習問題を立てる際に大切なのが，資料の読み取りです。この単元では，実際に町でみつけたことが子どもたちの資料となります。この資料と向き合いながら，社会科の見方・考え方を育んでいきます。さらに，先生が撮影した町の様子の動画や画像を資料として追加することで，教室でじっくりと町の様子と向き合うことできます。1人1台端末環境がある学校ではそれらの資料を共有することもでき，子どもたちも活発に活動できます。

2 「子どもとつくる」授業プラン

(1) 準備するもの・資料

・教科書　・副読本　・地図帳　・タブレット端末

(2) 指導計画（16時間取り扱い）

第1次 学校の周りには，さまざまな場所（高い土地・低い土地，田畑や住宅街，道路や線路など）があることを理解し，人々の生活と関連付いていることに気付く。

第2次 学校の周りを調べることで得た理解をもとに，住んでいる市（区・町・村）の都道府県における位置，地形，土地利用，交通網，市役所や公共施設，古くから残る建築物の分布などについて調べる。

第3次 住んでいる市を紹介する「〇〇市しょうかいポスター」の作成を通して，必要な資料を集め，読み取り，白地図や絵地図にまとめる。

第4次 作成したポスターをクラスで共有し，住んでいる市のさまざまなよい部分について考える。

⑶ ピックアップ授業（3時間目）

　学校の屋上や高いところから，自分たちの住む町の様子を観察するとたくさんの発見や疑問が出てきます。自然と子どもたちから「行って確かめたい！」と言う声があがります。調べたい観点を社会科的に整理しつつ，「まち探検」の計画を立てていきます。このとき大切なことは，生活科の活動よりも視野をややマクロにして，学習問題を作っていきます。学校のまわりを俯瞰できるように教師が整理していくことが重要です。

　学習問題が出来上がったら，いよいよ「まち探検」（実地調査）です。近年，授業時数，安全上の理由などで，社会科で学校周辺を調査することが難しい学校もあると聞いています。その場合は，事前に撮影した学校周辺の動画をみることでバーチャル「まち探検」をすることができます。

（資料1）

3　授業をワンステップ高めるためのポイント

　実際に「まち探検」に出かけられた場合でも，子どもたちの調査の視点が異なったり，見落としがあったりすると，授業がうまく展開できないことがあります。そうならないためにも，動画資料を用意しておきましょう。資料1は，私が実際に撮影したものです。子どもたちと歩いた場所を別日に撮影しました。これを残すことで，教室でも，記憶をもとに話し合うのではなく，資料をもとに話し合うことができます。

(1)　ポイント①　自分の発見を再検討する

　「まち探検」に出かけると，おもしろいものを発見する子がいます。「珍しい色の車が駐車してあった！」「○○君のお母さんが買い物をしていた！」など，場所の特徴ではないものに注目する子もいます。そんなときは，別日に撮影した動画を活用しましょう。「それは場所とは関係がない」と指導するのは簡単なのですが，自分の発見と動画を比較することで，見つけた情報が場所の特徴として，ふさわしいかどうかを自らで判断することができます。

(2)　ポイント②　児童用端末で繰り返し視聴

　「まち探検」に何度も出かけることは難しいですが，教員が撮影した動画があれば，子どもたちは見返すことができます。私は，撮影した動画を動画共有サービスにアップし，学級の子だけがいつでも視聴できるようにしています。主体的な学習を促すためには，自主的に調べることができる仕組みを用意してあげることも大切です。タブレットを持ち帰る学校であれば，自宅でも視聴することができます。家庭学習で何度も視聴し，授業内では気付かなかった新しい発見を次の授業で発表してくれることもあります。

> **まとめ**
>
> ①動画と見比べることで，場所の特徴としてふさわしいか確認できる。
> ②バーチャル「まち探検」が新たな発見を生む。

（秋山　貴俊）

地産地消に隠された工夫

1 単元「熊本市の農家のひみつを探ろう！」楽しい授業づくりのコツ

(1) 子どもをひきつける！私のオススメ教材

　本単元では，スーパーに行った際に，何となく見ていた農作物を，「あっこれ熊本市産だ！」と産地にまで目を向け，それを誇りに感じたり，生産者の苦労や工夫を慮ったりすることができるような子どもの姿を目指したいと思っています。決して○○博士を育てたいわけではありません。今の子どもを見取り，単元終了後の姿を見据えて，地域の「人・もの・こと」との出合わせ方を工夫することでステップアップを目指します。

(2) 子どもが熱中する学習方法

　本単元では，畑を見たり，農作物に実際触れたりすることで子どもたちの追究意欲を高めます。何より，生活経験が異なる子どもたちが共通の経験をすることで，問題解決を行っていく際の土台をそろえることができるという利点もあります。また，出会ったからこそその問いも生まれます。「なんで○○さんは，こんなことしているんだろう？」といった具合です。さらに，できれば人との関わりは複数回行いたいと考えています。なぜなら，解決できない問題に出合った時に，必然的に子どもたちから「聞いてみないと分からない」という声が上がってくるからです。2回目はメールや電話，Zoom などでも関わるようにしています。

2 「子どもとつくる」授業プラン

(1) 準備するもの・資料

- 教科書，副読本（わたしたちの熊本），熊本市の白地図
- 熊本市の地産地消パンフレット
- 給食に使われている野菜の産地のリスト
- 「筑陽」と「赤なす」の収穫量や出荷量と出荷先

(2) 指導計画（10時間取り扱い）

第1次 地産地消について知り，給食に使われている野菜の産地を熊本市の白地図に表す。また，スーパーなどで見つけてきた熊本市産の野菜についても，白地図に付け加えていくようにする。

第2次 熊本市のナスが全国1位の生産量であることを提示する。また，中でも「筑陽」という品種が多いことをJAのホームページから見出し，副読本に書かれているのみかんの追究の仕方を手掛かりに，「筑陽」について追究する。

第3次 地産地消のパンフレットにある「赤なす」が，熊本市では数軒しか作られていないことから，「赤なす農家の人に話を聞いてみたい」という思いを引き出し，「赤なす」について追究する。

第4次 「筑陽」と「赤なす」のそれぞれの農家の人の思いについて考え，地産地消における自分たちの役割を話し合う。

⑶ ピックアップ授業（8時間目）

　ほとんどが県内出荷の「赤なす」に対して，県外出荷が多い「筑陽」。「『筑陽』には熊本市への愛がない」と言う子どもたち。しかし，「地産地消だけじゃなくて，いろんな人に食べてほしいという思いも大切なんじゃないかな」という意見から，「それって熊本を知ってほしいにつながるから，やっぱり『筑陽』

も大事なんだ」と「筑陽」への見方が変化していきました。その後，単元導入時から問いとして残っていた地産地消の③の矢印の意味に着目することで，「美味しいよって他の人に広めたり，自分が受け継いだりしていくことなんじゃないかな」「それってみんなが元気になるね。作る人も食べる人も」と単元を通して追究してきたことを生かしながら考えることができました。それにより，地産地消の中の自分たちの役割を見出していきました。

　今日は，矢印の意味がやっと分かりました。そして，やっていることは違ってもナスへの愛は変わらないんだなと思いました。（中略）ぼくも今度なすを植えて，家族で食べてみたいと思いました。

3　授業をワンステップ高めるためのポイント

　子どもたちの共通体験としての農作物との関わりは「給食」です。導入で給食を扱うことで，それ以降の給食の際にも食材に目を向け，その先にある農家の人たちを見ることにもつながります。つまり単元終了後にも農作物と関わり続けることができます。また，地産地消については，各都道府県で必ず取り組まれているので，HP等で様々な情報を得ることができます。そこ

で得た情報を基に JA や青果市場で農家の方を紹介していただくと，素敵な農家の方に出会うことができます。また，その方との出会いを子どもが求めるような単元づくりをすることが大切であると考えます。

(1) ポイント① 子どもの「考えたい」「やりたい」を生む手立て

まずは，子どもたちの認識のずれを見出します。本単元では，熊本市のナスを取り上げました。市町村別では収穫量全国１位で魅力的ですが，子どもたちが知らない事実です。「なぜ」から「考えたい」が生まれます。次に，人との出会いです。手間がかかる「赤なす」をわざわざ栽培している人に出会うことで，「なんでそんなことを」という「なぜ」が生まれます。教師には，子どもたちの「なぜ」を共有し，追究のきっかけを与え，サポートする役割があると考えます。子どもが学びたいことを学べる環境をつくります。

(2) ポイント② 工場の仕事でも一工夫

教科書や副読本には，地域の気候等を生かした工場の事例が示してあります。しかし，それだけを扱ってしまうと，「工場の仕事ってみんなこうなんだ」になってしまうおそれがあります。そこで，いくつかの事例を比較しながら学び，それぞれがもつ意味を考えることが大切だと考えます。それにより，工場で働く人の思いや工夫の多様性に気付くことができ，「この人はどんな気持ちで作ってるのかな」と考える子どもの育成を目指すことができます。

> **まとめ**
>
> ①教師が素敵だなと思える農家の人に子どもが出会える場をつくる。
> ②給食を入り口にすることで，共通体験を基に追究をはじめ，単元終了後の日常の中にも追究を。

（村上　春樹）

小売店が10年続く理由を追究する

1 単元「大型店舗と小売店」楽しい授業づくりのコツ

(1) 子どもをひきつける！私のオススメ教材

　この単元では「スーパーマーケットにお客さんが集まるヒミツを探ろう」といった課題で学習が進むことが多いと思います。子どもたちは見学等の活動を通して様々なヒミツを見つけることでしょう。子どもたちのその学びをワンランクアップさせるために，単元の途中で地域にある小売店に着目するようにし，スーパーマーケットとの比較を通して，それぞれの良さや消費者のニーズに合わせた工夫について学びを深めていくようにします。スーパーマーケットの良さを知った子どもたちに，小売店という視点を与えることで揺さぶりをかけます。

(2) 子どもが熱中する学習方法

　スーパーマーケットについて一通り学習した後に小売店を紹介すると，子どもたちから様々な問いが出されます。「小売店のお客さんはどんな人？」「スーパーマーケットで売られているものと何が違うの？」「ちゃんと売り上げはあるの？」などです。これらの問いは子どもたちの学びを駆動させる原動力です。地域のお店という利点を生かし，子どもたちの生きの良い問いをそのままお店の人にぶつけてみます。得られた情報を子どもたちと共有し，話し合いの材料とします。

2 「子どもとつくる」授業プラン

(1) 準備するもの・資料

- 教科書，副読本（わたしたちの大阪），地域の白地図
- スーパーマーケットと小売店の写真
- 文書資料「小売店の店員さんのお話」（自作）
- 小売店の野菜（実物）

(2) 指導計画（10時間取り扱い）

第1次 買い物調べで，校区にある大型スーパーマーケットで買い物をする家庭が多いことを確かめる。そして，「○○店はどのようにして多くのお客さんを集めているのだろう」という問いをつくる。

第2次 スーパーマーケットの見学や保護者への聞き取りなどを行い，スーパーマーケットの売り上げを高めるための工夫や働く人たちの思いについて追究する。

第3次 地域にある小売店（八百屋）を紹介し，「大型スーパーマーケットが多い中で，お店を続けるために小売店はどのような工夫をしているのか」という問いをつくり，見学や資料活用しながら小売店の工夫や働く人の思いを追究する。

第4次 スーパーマーケットと小売店を比較し，取り扱う商品や売り方などの違いについてまとめると共に，消費者のニーズに合わせている点で共通していることに気が付けるようにする。

(3) ピックアップ授業（6時間目）

　大型スーパーマーケットの多くのお客さんを集める工夫や努力について学習を進めてきた子どもたちに，その近くにある小売店（八百屋）を紹介し，10年間営業を続けてきたことを伝えました。すると子どもたちから「スーパーマーケットがあるのに買いに行く人いるのかな？」とハテナが出されました。そして10年間営業を続けてきたという事実から，スーパーマーケットと同様に何かお客さんを集める秘密があるのだろうという考えにつながり，子どもたちの「調べてみたい！」という意欲が高まりました。

3　授業をワンステップ高めるためのポイント

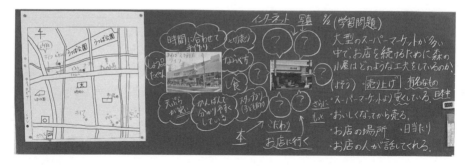

　学習問題をつくった後，子どもたちと学習問題に対する予想を立てました。この時に意識したことは，スーパーマーケットについて追究した時に働かせた社会的な見方・考え方を使うようにすることです。その仕掛けとして板書の中央にスーパーマーケットの学習を想起できる内容を記しておきました。それらの内容を基に予想することで，子どもたちからは値段・位置・売り方・店員さんの努力などに着目した考えが出されていました。また，予想を立てた後に，どのように検証していくのかを子どもたちと考える時間を設けたことも大事なポイントです。

(1) **ポイント①　比較によってそれぞれの良さを際立たせる**

　スーパーマーケットと小売店の販売の工夫を比較するという単元の構想によって，それぞれの良さについて理解が深まりました。また，比較しながら追究を進めていくことで，それぞれの店舗のお客さんが求めているもの（ニーズ）が違うことに気が付く

ことができ，ニーズに合わせた販売の工夫をしていることにも迫ることができます。これは他の単元においても転用できるポイントです。

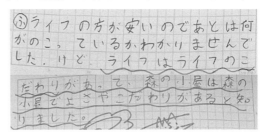

(2) **ポイント②　子どもたちの予想を基に単元をつくる**

　第6時に子どもたちから出された予想を検証するという形で単元後半が進んでいきました。子どもたちから出される内容をある程度予想して資料を準備していましたが，足りないものがあったので私の方で追加取材を行いました。単元計画ありきの学習ではなく，子どもたちと共に単元をつくるという意識が大切です。ちなみに，出された予想をどの順番で検証していくのかも子どもたちと相談して決定しました。

> **まとめ**
>
> ①大型店舗についての追究の後に小売店を提示し揺さぶりをかける。
> ②大型店舗と小売店の販売の工夫を比較できるようにする。

参考図書　澤井陽介（2018）『小学校　新学習指導要領　社会の授業づくり』明治図書

（永井　健太）

みんなで考えよう！消防団は必要？

1 単元「火事からくらしを守る人」楽しい授業づくりのコツ

(1) 子どもをひきつける！私のオススメ授業ネタ

　本単元では，子どもが「消防署が地域の安全を守るために，いろいろな人々や機関と連携して，緊急時に対処する体制をとっていることや，関係機関が地域の人々と協力して火災などの防止に努めていること」を理解することを目指します。しかし，消防署の働きを学習するだけでは，地域社会の一員としての自覚を養うことは難しいです。そこで，消防団の取り組みを教材化します。近所の人が，実は地域を守るために活動していたことに気付いたり，消防団の役割を考えたりすることを通して，地域社会の一員としての自覚を養うことができると考えます。

(2) 子どもが熱中する学習方法

　教材との出会いを演出することは，社会科の大切な指導技術です。本実践では，新潟市中央区で飲食店を営んでいるＳさんをゲストティーチャーとして紹介します。飲食店を営んでいるＳさんと消防団倉庫を点検しているＳさんをそれぞれ別日に紹介します。そうすると，子どもは，「どうして飲食店の人なのに，消防署みたいな仕事をしているの？」「どうして消防団員になったの？」「飲食店をやりながらどうやって消防団を続けているの？」など様々な疑問をもちます。そのような疑問をもった子どもは，学校の近所のＳさんに興味をもち，取材をして確かめたいなどと思いを高めていきます。

2 「子どもとつくる」授業プラン

(1) 準備するもの・資料

- 火事現場の写真や映像
- 新潟市で発生した火事の件数（グラフ）
- 新潟市にある消防署，消防局，出張所の位置
- 新潟市中央区の消防団のSさん（ゲストティーチャーとして来校してもらいました）

(2) 指導計画（10時間取り扱い）

第1次 資料を見て，火事現場で様々な仕事着を着た人が活動していることや毎年多くの火事が発生していることを知る。

第2次 「119番」が火事現場すぐ近くの消防署ではなく，中央区の消防局につながることに疑問をもった上で消防署を見学し，働きや仕組みを理解する。

第3次 飲食店店長のSさんが消防署のような仕事をしている事実と出会う。「飲食店のSさんがどうして消防署のような仕事をしているのか」という疑問を追究していく中で，自分たちの町を自分たちで守る消防団の役割を考える。

第4次 新潟市の火事を減らすために，自分たちにできることを考える。

⑶ ピックアップ授業（8，9時間目）

　「飲食店のＳさんがどうして消防署のような仕事をしているのか」という問題意識を高めた子どもは，「ボランティアでやっているのかな」「元消防隊員かもしれない」などと予想を始めました。そこで，どうやって解決したいかを問いました。子どもは，「Ｓさんにインタビューしたい」と答えたので，Ｓさんに来校してもらいました。前半は，子どもの質問に答えてもらう時間としました。Ｓさんとのやりとりを通して，子どもは下記の情報を得ました。

> ボランティアとして消防団に関わり，仕事をしながら続けている。
> 消防隊員だけでは手が足りない部分を補うような活動をしている。
> 消火活動以外にも地震，大雨，大雪などの自然災害時にも出動する。

　後半は，消防団として訓練している技を見せてもらいました。その技の迅速さに子どもは驚いていました。子どもは，地域の人の役に立ちたいと思って21年間も消防団を続けているＳさんの生き方に共感していました。

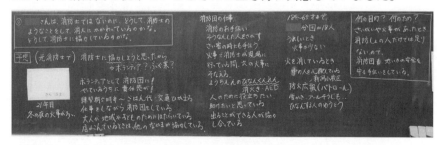

　授業後に振り返りを書きました。その記述の一部を紹介します。

> 　Ｓさんのように，地域の安全を守るために活動をしている人がいることにびっくりしたし，ありがたいと思いました。（中略）自分たちのまちを自分たちで守るために，どんなことができるか考えたいです。

3 授業をワンステップ高めるためのポイント

　実社会の人に出会うことで学びは深まります。しかし，出会わせればそれでよいかというと，そうではありません。子どもたちがゲストティーチャーから聞いて得た知識等を基にして消防団の意義を考えさせたり，みんなが協力して地域の安全を守っていることに気付かせたりする必要があります。

(1)　ポイント① 消防団は地域に必要かどうかを問う

　Sさんへのインタビュー後，「消防署は防災の専門家ですから，消防団は必要ないですよね」と揺さぶりました。その揺さぶり発問によって，「確かに。Sさんはお店のこともあるから専門家に任せた方がいいかもしれない」と思う子どもがいる一方で，「いや必要だ。消防隊員だけに任せっきりになると地域の安全レベルが下がる」「消防団は地域のことをよく知っているから必要だ」などと，消防団の意義を考えることができました。

(2)　ポイント② 安全を守る人々の活動，目的や思いを比較させる

　本単元と警察の2つの単元を通して，警察署，自治会，消防署，消防団の方に協力していただきました。本単元の最後に，そうした方々の共通点と相違点とを問いました。子どもが学習中に作成したカードをiPad上で再整理した結果，「活動は異なるが，みんなが地域の安全のために活動したり協力したりしている」という目的や思いが共通していることに気付きました。

> **まとめ**
>
> ①必要感を揺さぶることで，消防団の意義を考える活動を設定する。
> ②活動の裏側にある安全を守る人々の目的や思いに焦点化させる。

（小黒　健太）

05

調査で発見！わたしの近所の危険箇所

1 単元「事件や事故からくらしを守る人」楽しい授業づくりのコツ

(1) 子どもをひきつける！私のオススメ授業ネタ

　本実践は，新潟市の防犯・交通安全上の課題と子どもが暮らす地域の現状とを関連付け，自分たちの協力の在り方を考えることに軸足を置きました。地域の人々と協力して安全を守る警察署の働きを理解している子どもに，まず新潟市の犯罪，交通事故が年々減少しているも，ゼロにはなっていない事実を提示します。警察署や自治会が防犯や交通事故防止の取り組みを行っていることを学んだ子どもは，その事実に驚き，「どうしたら安全な新潟市になるのか」という問題意識をもちます。

(2) 子どもが熱中する学習方法

　単元導入で，安全な新潟市にするために自分にできることを問うても，子どもの適切な選択・判断は難しいのは，自分の身近な防犯，交通安全上の状況が分からないからです。そこで，交通事故や窃盗などの犯罪がいつ，どんな場所で起きたかを警察官から教えてもらった後，私から「みなさんの近所に事件や交通事故が起きそうな場所，過去に起きた場所はありますか」と問い掛けました。子どもは，自分の近所は安全だと思っています。しかし，交通事故等が起きそうな時間や場所を聞いたので，「近所にも交通事故や事件が起きそうな場所があるかどうか調べてみたい」という思いをもち始めます。こうして，身近な防犯，交通安全上の状況を調査し始めるのです。

2 「子どもとつくる」授業プラン

(1) 準備するもの・資料

- 新潟市の交通事故，事件の発生件数の推移（新潟市ホームページを基に作成しました）
- 県内の交通事故や事件を報道したニュース
- 家や近所を調査する際の調査カード（ロイロノートで配信しました）
- 調査への協力依頼のお便り（家族や近所の人に配付しました）

(2) 指導計画（10時間取り扱い）

第1次 新潟市の事件，交通事故の発生件数の推移から，「新潟市の事件や交通事故は，誰がどうやって減らしていったのか」という問題意識をもつ。

第2次 新潟市の事件，交通事故を減らすために，警察署や地域の人がどんな活動をしているのか調べる。

第3次 新潟市で発生した事件，交通事故のニュースを見て，新潟市の事件，交通事故がゼロになっていないことを知る。近所で事件や交通事故が起きた場所，起こりそうな場所を調査する。

第4次 調査結果を基に，新潟市の事件や交通事故をゼロにするために，自分たちに協力できることを考える。

(3) ピックアップ授業（9時間目）

「自分の近所で事件や交通事故が起きそうな場所はあるのか」と疑問をもった子どもに，近所で個別の調査活動をする期間を設定しました。子どもたちは，警察官から聞いた視点をもとに調査カードを作りました。学校では，調査カードを提示しながら，それぞれの近所の防犯，交通事故防止の現状を共有していきました。以下は，その際の対話の様子です。

C1：ここはT字路。車で進むと，曲が
　　るギリギリまで歩行者が見えない。
C2：そんなに見えづらいの？
C1：毎日通っているけど，見えづらい。
C3：僕の近所にも同じような所がある。

場所：家の近くのT字路
時間帯：いつでも危ない
理由：右も左も車で曲がるギリギ
　　　リまで歩行者が見えづらい

　共有後，子どもから「事件や交通事故が起きやすい場所が多い」という発話がありました。学習する中で得た視点を基に通学路を見たことで，安全だと思っていた近所の現状を捉え直したと言えます。
　その後，再度警察署の方との関わりの中で，警察署，地域の願いや，事件や事故を無くすために警察署と地域が協力していることを教えてもらいました。この話を通して，自分も事件や交通事故をゼロにする主体だと気付きました。
　最後に，新潟市の事件や交通事故をゼロにするために自分たちにできることを問いました。以下は子どもの振り返りの一部です。

　（前略）私の近所にもあるT字路や交差点などは，事件や交通事故が起きやすいという事を近所に住む人に伝えたいです。私の声がけで新潟市の事件や交通事故が少しでも減るといいです。

3 授業をワンステップ高めるためのポイント

　子どもの学習が地域的事象だけにとどまらないように個別の調査結果から抽象化を図ったり，社会参画やまちづくりに関わっていけるように自分も新潟市の課題解決の主体だと捉え直したりするためのポイントを示します。

(1)　ポイント①　事件や交通事故が起きやすい場所の共通点を問う

　個別の調査活動によって，近所の現状を捉えることはできますが，事件や交通事故が起きやすい場所を一般化して捉えさせる必要があります。安全な新潟市への方策を考えることが学習の目的だからです。そこで，「事件や交通事故が起きやすい場所はどんな所ですか」と問うことで，「人気のない場所」「見通しが悪い場所」などと，個別の現状を一般化して捉えさせました。

(2)　ポイント②　安全を守るための警察署や地域の人の取り組みを問う

　「安全な新潟市にするにはどうすればいいか」と問うと，「警察や地域の人がパトロールを強化する」など，他者に変容を求めることがあります。そこで，警察署や地域の人々の取り組みを問うことで，子どもは自分たちも安全な新潟市を目指す主体だと捉え直すことができます。その上で，自分たちにできる安全を守るための取り組みを問うことで，社会と関わり続けます。

まとめ

①自分の近所と新潟市の防犯，交通安全上の課題を繋げて考えさせる。
②子どもに自分自身も安全な新潟市を目指す主体だと捉え直させる。

参考図書　澤井陽介（2016）『初等教育資料９月号』p48-49　東洋館出版社

（小黒　健太）

市電の変遷から見る熊本の未来

 1 単元「私たちの熊本市電『未来』計画」楽しい授業づくりのコツ

(1) 子どもをひきつける！私のオススメ授業ネタ

　本単元では，「今」と「昔」を関連付けながら，自分たちの地域の「未来」を考えていきます。また，３年生の終盤の単元でもあるため，これまで身に付けてきた学び方などを生かすことができるようにします。本単元では，熊本市の中心を走る市電（路面電車）の変遷を中心教材として扱いました。子どもたちの多くは，「駅や路線は多い方が便利だ」と考えています。しかし，市電の路線はピーク時より大幅に減少しています。こうした，「多い方が便利なはずなのに，なぜ減らしたのだろう」という素朴概念とのずれを基に，「なぜ」を追究することができる単元づくりが大切だと考えます。

(2) 子どもが熱中する学習方法

　本単元では，市電の変遷を通して，熊本市のうつりかわりを見ることをねらいとしました。そこで，単元導入で市電の変遷の原因を追究するための視点づくりを行いました。「人口」「交通の様子」「くらしの様子」「たてもの（公共施設）」の４つです。さらに，市電の変遷には３つの局面（大正13年（市電開業），昭和34年（市電全盛期），昭和47年（減少し現在の状況に））があります。これら３つの局面と現在を比較しながら，視点を選んで学んでいくことができるようにしました。それにより，これまでの学び方を生かしながら，自律的に学んでいくことができる子どもが育まれると考えます。

2 「子どもとつくる」授業プラン

(1) 準備するもの・資料

- 教科書，副読本（わたしたちの熊本）
- 熊本市電の変遷がわかる地図
- 「熊本市電が走る街　今昔」（中村弘之）
- 「絵葉書が語る20世紀の熊本」（熊本日日新聞社）

(2) 指導計画（12時間取り扱い）

第1次 3つの市電の路線図がかかれた地図を見て，古い順に並べる活動を通して，土地の利用や車などの生活の変化に目を向けることで，単元を通して熊本市のうつりかわりについて学んでいく見通しをもつ。

第2次 市電の変遷について，3つの局面の時代の様子の聞き取り等を行いながら，4つの視点から追究していく中で，市電の廃線がどのような社会的背景によって起こったのか考察する。

第3次 市電の延伸計画について調べ，これまで学んできたことを基に，熊本市の未来について交通という視点から自分の考えをまとめ，学級で合意形成を図る。

(3) ピックアップ授業（1，2時間目）

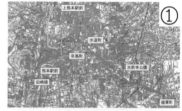

　1時間目に3つの地図（「今昔マップ on the web」より作成）を提示しました。これらは，市電の路線図と当時の地図とを重ねたものです。③が最も路線が多いため，多くの子どもたちが新しいと考えていましたが，地図に着目した子どもは，建物が増えている①が最も新しいと考えており，結論が出ませんでした。中には，「車が増えて電車がいらなくなったからかな」と発言する子どももいました。2時間目になると，家や市電の駅等で調べてきた子どもたちが，②や③に今はない駅があることに気付き，②③①の順だと主張したことで，多くの子どもたちが納得しました。しかし，「時代が進むと便利になっていくはずなのに，駅が減るなんて考えられない！」と発言する子どももおり，既有の知識や価値観とのずれを生み出す資料を提示したことは，追究への文脈づくりに有効だったと考えます。

3　授業をワンステップ高めるためのポイント

　3，4年生という地域素材を扱う学年では，まず私たち自身が地域とつながることが大切になると考えます。地域には，子どもたちの学びにとって宝物になる人たちがたくさんいらっしゃいます。本単元では，元新聞記者で熊本市電の写真を撮り続けて来られた中村弘之さんと出会う場を設定しました。さらに，中村さんの書籍も紹介しました。中村さんから，「おじいちゃんお

ばあちゃんに聞いてごらん」「熊本市交通局に行くといいよ」という言葉をもらい，関わる対象を増やすことができました。こうした一言は，教師からではなく，地域と深くつながっている人からもらうことで，子どもたちの追究意欲に火が付くと考えます。

(1) ポイント① 視点を見いだして選択的な学びに

地図の比較の中で見いだした４つの視点について，グループで話し合いながら自分で選んで追究できるようにしました。そうすることで，子どもたちの追究意欲を高めることができます。また，授業の終盤にお互いの学びを共有し話し合うことで，分かった個別的な事実を関連付けて，市電の変遷の理由を考える姿が見られました。

(2) ポイント② 未来を考えることでステップアップ

この授業を行っている時に，ちょうど熊本市電の延伸計画について議論されていました。そこで，子どもたちのこれまでの学びを生かしながら延伸計画の是非について考える時間を設定しました。子どもたちは，新聞記事や市のホームページの情報などを参考にしながら熊本市の未来について考えました。その中で，過去の市電の変遷を根拠に話し合う姿がありました。知識を生きて働かせ，未来という未知の状況に対応しようとしている子どもの姿を生み出すためには，自分たちの未来を考えることが大切だと思います。

> **まとめ**
>
> ①市電の変遷を軸に熊本市のうつりかわりを捉えさせる。
> ②延伸計画について考え，未来を見ようとする子どもを育む。

参考図書 石井英真 (2020)『粘り強くともに学ぶ子どもを育てる』明治図書

（村上 春樹）

4年 わたしたちの県

オリジナルゆるキャラをつくろう

1 単元「わたしたちの県」楽しい授業づくりのコツ

(1) 子どもをひきつける！私のオススメ教材

　地域の特徴をモチーフにされているものが，日常の中に溢れています。それは，ご当地キャラクターやマンホールです。これらは良い教材になることが多く，今回のゆるキャラもその1つです。まず単元のはじめに，実際に存在するゆるキャラを使って，クイズ大会を行います。子どもたちは，ゆるキャラの特徴をヒントに，地図帳で答えになりそうな都道府県や地域を調べていくという楽しい学習となります。クイズの終わりには，教師が作成したオリジナルゆるキャラを提示し，場を盛り上げます。さらに，「単元の最後には，わたしたちの県や地域のオリジナルゆるキャラをつくってみよう」と設定することで，子どもたちの意欲を高めることができます。

(2) 子どもが熱中する学習方法

　調べたことを個人で白地図に整理するのではなく，大きな白地図を友達と協力して作成していく活動にします。ペアやグループは，地図の読み取りが苦手な子どもに配慮するなど，実態に応じての構成にします。また，農産物チームや水産業チームというように，テーマでグループ分けを行い，白地図を完成していくこともできます。このような展開にした場合は，作成後に，その白地図を使ってわかったことを交流し質問し合う場面を設定することで，個別の知識を概念的な知識へと深めていきます。

2 「子どもとつくる」授業プラン

(1) 準備するもの・資料

・教科書，副読本，地図帳，タブレット端末，関連書籍，付箋，模造紙

(2) 指導計画（7時間取り扱い）

第1次 ゆるキャラクイズ大会を行い，ゆるキャラが各県や地域の特徴を踏まえて考えられていることを捉えるとともに，学級で「わたしたちの○○県　ゆるキャラ図鑑」を作成することを知る。

第2次 県の位置や平野，山地，河川の位置に着目して，県の地形について理解するとともに，県の産業などについて関心をもつ。

第3次 農業，工業などが盛んな地域を調べて，県にはどのような産物があるか，産業はどのように分布しているかなどを主要都市の位置や地形，交通の広がりと関連付けて考える。

第4次 これまでにまとめた白地図や資料を見ながら，個々で県の特徴を踏まえたオリジナルゆるキャラを作成する。個人で作成したオリジナルゆるキャラを「わたしたちの○○県　ゆるキャラ図鑑」に綴じていく。

⑶ ピックアップ授業（3時間目）

　第3次では，県内の産業が盛んな地域を副読本や地図帳を使って調べていきます。グループごとに模造紙に拡大した白地図と付箋を用意し，産業が盛んな地域について写真のようにまとめます。白地図にまとめていくと，産業の盛んな地域が見えてきます。見える化することで，「大阪市は都会だから，農業が少ない」「大阪府の農業は山地に多い」と，子どもが産業の分布について主要都市の位置や地形，交通の広がりなどと関連付けて考えられます。

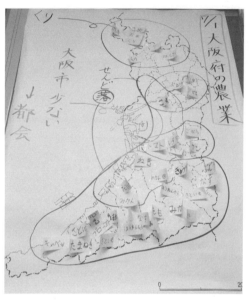

　タブレット端末を活用すれば，クラウド上で同様の活動をすることもできます。今回のように，実際にお互いの頭を突き合わせながら1つの地図にまとめていくこともできます。実態に応じて，取り組み方は選択できます。

3　授業をワンステップ高めるためのポイント

　第1次では，子どもが関心をもちやすいゆるキャラという教材を通して，どのようなことを学んでいくのかの見通しをもてるようにします。第2次では，県全体の様子を大まかにつかむことで，第3次以降の学習において，子どもが主要都市の位置や地形，交通の広がりと関連付けて考えられるようにします。

(1) ポイント①　意図のあるオリジナルゆるキャラを

　第1次において教師から提示するゆるキャラは，県の形をした輪郭，川の位置が眉毛になる，特産物を持っているなど，県の特色をたくさん取り入れたものとします。それにより，本単元で学ぶことの見通しをもち，子ども自身がゆるキャラを作成する際の参考にすることができるようにします。

(2) ポイント②　県全体を俯瞰的に見る

　県全体の様子を捉えておくことで，子どもは，「あのあたりは山地で，そこから土地が低くなると…」というように地形などと関連付けて調べ，考えることができるようになります。そこで，第2次ではGoogle Earthを用いて県全体を上から見ることで，俯瞰的に調べられるようにします。地形を中心に，隣接する県や有名な建造物などを確認するようにします。

> **まとめ**
>
> ①ゆるキャラを通して，本単元での見方を教える。
> ②地形を中心に県全体の様子を捉えてから産業を調べる。

参考図書　佐野陽平（2023）『気づき・問い・対話を引き出す小学校社会「見える化」授業術』明治図書

（佐野　陽平）

4年 くらしと水

みんなで見ていく蛇口の向こう側

---

1 単元「くらしと水」楽しい授業づくりのコツ

(1) 子どもをひきつける！オススメ授業ネタ

　本単元との出会いの場では，家にも
学校にもある蛇口に注目することから
はじめました。子どもたちは蛇口の
「数」に注目し「学校には蛇口がいく
つあるのかな？」と気になり，数える

ために学校の中，校庭など学校にある蛇口を探し歩きました。蛇口の数を数
えた後，クラス全体で数を共有したときに「100を超える蛇口がある」とい
うことを知り，「こんなにたくさんの蛇口から出る水はどこからどのように
して送られてくるのだろう」という問いが生まれました。

　新しい単元を学ぶときに，子どもたちのこれまでの生活や経験と結びつけ
ながら考えることを大切にしています。すると，これまで何気なく使ってい
た蛇口の向こう側を意識することへとつながります。

(2) 子どもが熱中する学習方法

　蛇口の向こう側を意識しはじめたからといって，まだよくわからないこと
や追究したいことがみんな同じというわけではありません。きっとこれまで
の生活経験を通して知っていることのちがいがあります。一人ひとりの現在
地を丁寧に見取り，受け止め，その子が追究していく過程を支えていきます。

(1) 準備するもの・資料

- 副読本（わたしたちの京都）　・ふりかえりシート（ロイロノート）
- 校内マップ（蛇口を探すときに使用）
- 映像資料「浄水場バーチャルツアー」
- 自作の映像資料「水源の様子がわかるもの」
- 水源の水をペットボトルに入れたもの　・手作り濾過器

(2) 指導計画（10時間取り扱い）

第1次　大単元の「住みよいくらしをささえる」というテーマに注目し，考えを聴き合う。その上で今回学習する「くらしと水」という単元名に注目し，水が出てくる蛇口が学校や家にはどれだけあるのかを調べ，学習問題をつくり，蛇口の向こう側を予想し，図に表す。

第2次　「水源の水」と「水道の水」を様々な視点で比べることを通して，「水道の水」にはないのに「水源の水」にはあるものに気が付き，どうやって取り除いているのかが気になり，追究していく。

第3次　「安心・安全な水はどこからどのようにして送られてくるのだろう」という学習問題について，今の考えを聴き合う。

第4次　たくさんの方の働きのおかげで水道水ができていること，その方々のおもいと京都市に住むわたしたちにはつながりがあると実感し，「わたしたちが大切にすることはなんだろう」と考える。

(3) ピックアップ授業（10時間目）

　前時までの学習でずっと「安心・安全な水はどこからどのようにして送られてくるのだろう」と追究してきた子どもたちには一人ひとり「水がきれいになるまでの工程」や「たくさんの人の努力」への考えをもっています。そこで，教師として一人ひとりの考えを見取り，「働く人のおもい」に注目している子や「世界最高水準」といった水質に注目している子などがいることを捉えた上で，一人ひとりの考えが重なる場づくりをしようと考えました。下の板書は10時間目での板書です。

・学習後の考え

私は、最初は機械だけに注目してたけど、今日〇〇さんの「お金は払っている」という言葉を聞いてさらに自分の考えがより深まったと思います。なぜかというと、確かにお金は、払っているけど浄水場の人たちは私たちに大切に使ってほしくて作っているんだから、お金を払ってその中に「感謝」という気持ちがないといけないんじゃないかなあと思います。また、お金を払っても作っている人はお金だけじゃなくて「時間」も削ってくれているんだから時間は返せないけど、その代わりに感謝という気持ちを込めないといけないんじゃないかなぁと思いました。また、最初のころから変わった考えは、最初はただ、たくさんの機械を使ってるただのきれいな水って思ってたけど、今は「ただの」じゃなくて「大切な」という考えに変わりました。

　授業のはじめに「京都市の水道水ってどんな水？」と問うことにしました。「法律で決められている回数より多い71項目も検査しているんだよ」「だから世界最高水準なんだ」と水質に関わることを話す子もいれば「京都の人のためにというおもいが込められている水だよ」といった人のおもいについて話す子もいました。さらには自分たちにも目を向け「わたしたちにとって生活に欠かせない水」「生きるために使う水」といったことを話していました。「お金を払うだけでいいわけではない。働く人が大切にしてくれているんだからわたしたちも意識して使わないといけないよね」と感じ，「わたしたちが大切にすることはなんだろう」ということを一人ひとり考えました。

3 授業をワンステップ高めるためのポイント

　一人ひとり様々な気付きをもっており，その重なりやズレがもっと見えるようになることが協働的な学びの充実につながります。自然と生まれる協働を支えるためにICTを活用することがワンステップ高める上で大切です。

(1) ポイント① ふり返りの回答共有

　毎時間書いているふり返りの提出箱の回答を共有しておくことで，子どもたちはいつでも友達のふり返りを読むことができるようになります。例えば，グループでの聴き合いの後，同じグループだった子はどんなふり返りを書いたのかを読んでみたり，前の時間に同じところに注目していた子は今日どんなことを考えていたのかを見たりするようになります。友達のふり返りを読むことで自然と友達の考えを取り入れたり，読んで立ち止まって考えたりするようになるとさらに自分自身のよりよい学びへとつながります。

(2) ポイント② 子どもたちの「現在地」を共有する

　一人ひとり調べたり考えたりしているとき「自分だけで」となってしまうとしんどくなってしまう子もいます。だからこそ，同じようなことを考えている子を見つけられるようにICTを使い，ネームカードを共有しておくなど視覚的に現在地が見えるようにするとよいでしょう。

まとめ

①協働しながら学ぶ過程にICTを取り入れる。
②自分だけで追究するよりも「ともに」追究できるようにする。

（小川　辰巳）

4年 ごみの処理と利用

09

「もしも」で考えよう！分別の意味

1 単元「ごみの処理と利用」楽しい授業づくりのコツ

⑴ 子どもをひきつける！私のオススメ授業ネタ

　本単元では，「廃棄物を処理する事業は，衛生的な処理や資源の有効活用ができるように進められていることや，生活環境の維持と向上に役立っていること」を子どもが理解することを目指します。それには，子どもが廃棄物処理の仕組みと地域の人々の生活とを関連付けて，廃棄物を処理する事業の役割を考えられるようにすることが大切です。

　そこで，新潟市の過去と現在の分別方法を教材化します。子どもが何気なく行っている分別と社会とが繋がっていることに気付く授業を目指します。

⑵ 子どもが熱中する学習方法

　子どもは体験活動が好きです。そこで，ごみ分別体験の場を設定します。分別を体験することを通して，子どもは10種13分別の難しさを感じます。次に，10種13分別以前の分別方法（6分別）を紹介します。子どもは，「昔の方が簡単でよかった」「なぜ新潟市は面倒な分別方法にしたのか」などと，今の分別方法に疑問をもちます。こうして，「昔の方が簡単でよかったのに，どうして新潟市はわざわざ面倒な10種13分別にしたのかな」と学習を方向付けます。このように，体験活動が布石となり，過去と現在の分別方法を比較することで疑問をもち，子どもの主体的な追究が始まります。

2 「子どもとつくる」授業プラン

(1) 準備するもの・資料

- 分別体験用のごみのイラスト
- 10種13分別と6分別が導入された際の資料（新潟市ホームページを基に作成）
- 思考ツール（ウェビングマップ）

(2) 指導計画（13時間扱い）

第1次 各家庭で出たごみを調査する。どんなごみをよく出しているのか，どんな出し方をしているのかを知る。また，学校付近のごみ集積場を見学し，この後のごみの行方に興味をもつ。

第2次 新潟市のごみを収集する人にインタビューしたり，市内の清掃センター，埋立処分場，リサイクル施設を見学したりすることを通して，廃棄物処理と再利用の仕組みを理解する。

第3次 新潟市の10種13分別でごみの分別体験を行う。その後，以前の6分別を知り，なぜ10種13分別にしたのか疑問をもつ。比較と仮定の思考を働かせて，10種13分別の影響を考える。

第4次 新潟市のごみに関する問題を知り，ごみの減量に向けて自分たちにできることを考える。

(3) ピックアップ授業（9時間目）

　「どうして新潟市はわざわざ面倒な10種13分別にしたのか」と疑問をもった子どもに，今と昔の分別方法のどちらの方がよいかを問いました。多くの子どもは，6分別のメリットを発言していました。一方で，「6分別だと簡単に何でも捨てることができてよくない」と6分別のデメリットに関する発言もありました。そこで，新潟市が6分別のままだったら，新潟市が10種13分別に変えたら，それぞれに起こる影響を問い，ウェビングマップを配付しました。子どもは，6分別と10種13分別の影響をウェビングマップに書きながら考えた影響を共有していきました。

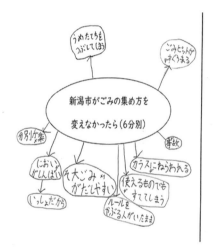

　このような共有を通して，授業後に振り返りを書きました。その記述の一部を紹介します。

　10種13分別にしたのは，埋立地を長く使うためです。（中略）これからは，きちんと分別しようと思います。理由は，埋立地も長く使えるし，自分たちの暮らしがよくなるからです。

---

3 授業をワンステップ高めるためのポイント

　子どもが多角的に分別を捉えたり，処理の仕組みと分別の理由とをつなげて考えたりするためのポイントを示します。

(1)　ポイント①　子どもが立場を変えて分別を見るために

　「昔と今の分別方法，自分だったらどちらがいいですか」と問われると，直感的に簡単な方を選びたくなります。分別は大人でも間違えるくらい複雑です。簡単な方がいいと思っているのは，捨てる立場に立っているからです。しかし，これまでに出会ったごみを処理する人の思いを想起した時，6分別への疑問が生じます。その疑問が「10種13分別は難しいだけなのか，メリットがあるのではないか」と子どもが学習を深めるきっかけになりました。

(2)　ポイント②　子どもが処理の仕組みと考えとを結び付けるために

　思考ツールだけ提示すると，いわゆる空中戦の話合いになってしまいます。そこで，前時までの資料も提示しました。前掲のウェビングマップを書いた班は，「ごみピットの様子」「埋立処分地の職員の話」「今と昔の燃やすごみの違い」を関連付けて，「細かく分別しているから，燃やすごみの量が減ったし，埋立処分地も長持ちさせることができる」と考えました。

> **まとめ**
>
> ①捨てる人の目線から処理する人の目線で分別を捉えさせる。
> ②仮定の思考を働かせ，分別の役割を考える学習活動を設定する。

参考図書　岡﨑誠司（1994）『社会科の発問 If-then でどう変わるか』明治図書

（小黒　健太）

4年 地震からくらしを守る

家を調査！災害への備えは大丈夫？

1 単元「地震からくらしを守る」楽しい授業づくりのコツ

⑴ 子どもをひきつける！私のオススメ授業ネタ

　本単元では，自然災害から新潟市の安全を守るための活動や新潟市の防災上の課題を解決するための協力の在り方を追究することを目指します。しかし，新潟市や特定の自治会の防災活動だけを教材化しても，学習を生かして新潟市の一員としてできることを考えるのは難しいです。公助や共助の学習だけにとどまっているからです。そこで，新潟市民の災害への備えを教材化し，子どもが「どうすればもっとみんなが防災に取り組むのか」と問題意識を高めていくことができるようにしました。

⑵ 子どもが熱中する学習方法

　災害に備えている市民の割合が低いことが分かっても，子どもにとっては学習が十分に自分に引き寄せられたとは言えません。そこで，「みんなの家や近所の人は自然災害に対して十分に備えていますか」と問います。それにより，そのような視点で家や近所を見てこなかった子どもたちから「調べてみたい」という思いを引き出し，自分の家や近所の災害への備えを調査する活動を設定します。子どもが家族や近所の人の防災活動，近所の防災施設などの調査を通して，自分の身の回りの災害への備え具合を知るなど，自分の生活と結び付けて，防災への協力の在り方を考えられるようにしました。

2 「子どもとつくる」授業プラン

(1) 準備するもの・資料

- 自然災害に備えている新潟市民の割合の資料（新潟市ホームページを基に作成しました）
- 家や近所を調査する際の調査カード（ロイロノートで配信しました）
- 調査への協力依頼のお便り（家族や近所の人に配付しました）

(2) 指導計画（11時間扱い）

第1次 新潟県で過去に発生した自然災害を調べ，県内では主に地震，豪雨，豪雪などに見舞われたことを知る。また，いつでも，どこでも，どんな自然災害でも起きる可能性があることに気付く。

第2次 新潟市内で大地震が発生したら起こるかもしれない被害を予想する。被害が起こらないように誰がどんなことをしているのか，また発生したら誰がどう対処するのかを調べる。

第3次 新潟市民の自然災害への備えを知った後，自分の家や近所の調査活動を行う。調査結果を共有したり，根拠にしたりしながら，市民の災害への備えを向上させるために自分たちにできることを考える。

(3) ピックアップ授業（10，11時間目）

　新潟市や自治会が防災活動を行っているのに，市民の災害への備えが今ひとつという事実を知った子どもに，「みんなの家族や近所の人は災害に対して十分に備えていますか」と問いました。多くの子どもは，「どうだろう」「近所のことは分からない」などと，分からなさを表現しました。「調べて確認したい」という思いをもったので，家や近所の災害への備えについて調査することにしました。調査結果は，下の調査カードにまとめました。

　調査後，結果を共有する場を設定しました。共有する中で，「防災訓練の参加が少ない」「私の家はハザードマップの確認をしていないけれど，友達の家では確認している」などと，自他の調査結果を比較していました。上掲の調査カードをまとめた子どもは，当初「近所の人は防災意識が高い」と感じていました。しかし，共有を通して「私の家族や近所は防災意識が高いと思っていたけれど，もっと備える必要がある」と，自分の家や近所の防災の現状を捉え直していました。その後，調査結果と共有を踏まえて，自分が優先して取り組みたいことを考える時間を設定しました。その記述の一部を紹介します。

自然災害への備えを調べよう・インタビューしよう！

	例:近所の人	自分の家	K様	W様		
家の近くの避難場所をかくにんしている。	○	○	○	○		
避難場所への行き方をかくにんしている。	○	○	×	○		
ハザードマップで危険な場所をかくにんしている。	○	×	?（聞いていない）	?		
食料品などをそなえている。	×	○	○	×		
非常持ち出し品バッグを用意している。	×	○	?	×		
家具が転ばないように対策をしている。	×	×	○	×		
家族と災害時に連絡を取る方法を決めている。	×	△	?	?		
防災訓練に参加している。	○	×	?	○		
その他にしていることがある。	マイ・タイムラインを作成している		防災グッズを準備している			

調べて分かったこと・思ったこと・考えたこと

1、防災に関わっていない人は調べた中ではいなかったので、町内の人の防災意識が高いことが分かった。

2、町内で防災訓練が行われているそうなので、次回から積極的に参加したい。

　防災訓練に参加して備えを学ぼうと思います。理由は，防災訓練では，消火器の使い方，避難所のこと，非常食のことを学べるからです。（中略）一度も行ったことがないので，今年は家族で参加したいです。

3 授業をワンステップ高めるためのポイント

　子どもがこれまでの学びを生かして主体的に調査活動に取り組んだり，新潟市の課題を自分事として捉え直したりするためのポイントを示します。

(1) ポイント① 家や近所の防災について，調査内容と方法を共有する

　調査活動の前に，何を調べるのか問うことで，「避難所の場所や行き方」「ハザードマップの確認」「飲食料の確保」「防災訓練の参加」などが表出されました。これらは，市役所職員や自治会長から教えてもらったことです。また，調べる方法を問うと，家族や近所の人に聞く，実際に行ってみるなどの案が出ました。このように，学んだことをもとに調査内容や方法を見いださせ，共有することで目的に沿った個別の調査を行わせることができました。

(2) ポイント② 家や近所の防災の現状と新潟市の課題とを関連付ける

　考える軸足は家や近所の防災の現状ですが，新潟市の防災上の課題を解決するという目的から逸れないようにします。そのために，新潟市の防災上の課題を示した後，家や近所の防災の現状を調査させたり，「自分の調査結果と新潟市のデータとで似ていることは何ですか」と問うたりしました。こうすることで，「自分の家も新潟市と同じように防災訓練に参加していなかった」などと，新潟市の課題を自分の課題として捉えさせることができました。

> **まとめ**
>
> ①公助や共助の学びから調査内容と方法とを子どもと共に創り上げる。
> ②家や近所の防災上の実態を把握することで，自分事の課題解決へ。

参考図書　澤井陽介 (2016)『初等教育資料9月号』p48-49　東洋館出版社

（小黒　健太）

4年 郷土の伝統・文化を守る（昔から続く京都府の祭り～祇園祭～）

見て！触れて！感じる！ほんまもん

---

1 単元「昔から続く京都府の祭り～祇園祭～」楽しい授業づくりのコツ

(1) 子どもをひきつける！私のオススメ教材

　日本三大祭のひとつである「祇園祭」には１ヶ月間で約180万人もの人が訪れます。これは京都市の人口約147万人よりも多い数字です。さらに約1150年前からあった祭りだということや，山鉾巡行が約700年も続いていることなどからもわかるように祇園祭は大切に受け継がれてきています。毎年祇園祭の時期になると京都のまちには様々なところでお囃子の音色を聴くことができ，その音色を聴くことで夏を実感します。こうした京都の文化や伝統になっている祭りを支えている「人」，祭りで長い間ずっと大切に使われてきた「もの」，さらには祇園祭で行われている「こと」のほんまもんに触れることが大切です。

(2) 子どもが熱中する学習形態

　教師として「人」「もの」「こと」に注目することで，祇園祭についてよりよく学べそうだと考えましたが，子どもたちをそこに注目「させよう」とすると一人ひとりが学ぶということから離れてしまいそうです。一人ひとりがそこに注目することでよりよく学ぶことができそうだと実感する過程を大切にするために，ほんまもんとの出会いの場づくりをしていきます。

2 「子どもとつくる」授業プラン

(1) 準備するもの・資料

- 副読本（わたしたちの京都）　・ふりかえりシート（ロイロノート）
- 京都市の主な年中行事の観光客数　・山鉾巡行の様子の変遷の写真
- 映像資料「京都府の様々な祭りの映像」「祇園祭の概要」「山鉾巡行」
  「お囃子」「復興した山鉾」
- 粽づくり

(2) 指導計画（10時間取り扱い）

第1次　大単元の「府内の伝統や文化と先人の働き」というテーマに注目し，考えを聴き合う。その上で今回学習する「昔から続く京都府の祭り〜祇園祭〜」という単元名に注目し，まずは京都府にある祭りを見て，様々な祭りがあることを知り，中でも祇園祭には多くの観光客が来ていることや長い間続けられてきていることを知る。

第2次　どのようにして約700年も同じように山鉾巡行を続けてきたのかを調べていく過程で，粽づくり体験をしたり，祇園祭で使われている刺繍を見たり，お囃子を聴いたりする。そのときにそれぞれ携わっている人のおもいを聞く。

第3次　「どのようにして約700年も同じように山鉾巡行を続けてきたのか」という学習問題について，今の考えを聴き合う。

第4次　これまでの学習をいかして「わたしたちが大切にすることはなんだろう」と考える。

(3) ピックアップ授業（7時間目）

　ほんまもんとの出会いを通して気付いた「人」「もの」「こと」を聴き合う時間が本時です。この時間は，これまで出会った人から聞いたおもいや，見せていただいたもの，さらには調べてわかった祇園祭でやっていること，続けていることなどを全体で聴き合う場です。全体で聴き合う過程で「やっぱりずっと大切に受け継いできている"もの"があるからこそ祇園祭ができる」と考えている子の話を聴き，「どんなものも"人"が作り出しているんだから全て大切だけど，"人"が中心になっていると思う」と考えている子が話をつなげたりしていました。下にあるのはこの時間でのふりかえりです。

> ・学習後の考え
> 今の自分は、みんなの話を聞いて、「人」が物、ことを作り出しているんだからすべて大切だけど人が中心的になって動いて、人がいるから物ができて、人がいるからあることができるから人が大切なんじゃないかなと思いました。けれど人だけじゃ何もできないから人ができたらその人が必要なものや、思い、願い、ことを作っていくから人から順番にいろいろなものができていって、「特別」や「楽しい」という気持ちができていって７００年も続けていられるんだと思います。けど、物が1番大切だっていう人から見たら物がないとできないと見えるかもしれないし、ことが1番大切という人から見たら、願いやことがないと楽しくないと思うかもしれないけど、「楽しくない」や、「楽しい」という気持ちや、「願い」「思い」は、人が感じる願いや思いだから人がいないと「楽しい」という気持ちすらも感じられないからそもそも人がいないと成り立たないし何も感じられずに物も作れないという状態になってしまうから人が1番大切だと思いました。

　この子は「どのようにして約700年も同じように山鉾巡行を続けてきたのだろう」という学習問題について追究する過程でたくさんの人と出会い，実際に人が作ったものを見たり，自分自身で粽（ちまき）を作ったりしながらも目の前に見えている「もの」ではなく，それを作る「人」，祇園祭を支えている「人」に注目して自分の考えとして話していました。

　ほんまもんと出会うことを通して，祇園祭に使われている「もの」を資料を通して見たり，実際に「もの」に触れるだけではわからないそこに携わる「人」に目を向けることができたのではないかと考えています。

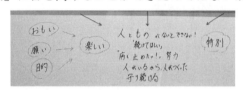
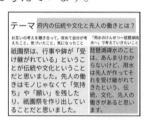

3 授業をワンステップ高めるためのポイント

　実際に祇園祭に参加することができるとまた違った学びが生まれそうです。もちろん子どもたちの中にはこれまでに祇園祭に参加したことがある子もいます。参加した子の感じたおもいを全体へと広げることもできますが，全員が共通の土台のもとで話すことができるということも大事にしたいところです。みんなで参加して感じたことを聴き合える場づくりを構想します。

(1)　ポイント①　共通体験の場をつくる

　例えば，祇園祭には山鉾曳き初めという一般の人でも本番と同じように曳く体験ができる機会があります。そうした場に子どもたちが参加できるようにすることで実際に曳いてみるからこそわかることが出てきます。さらに子どもたち同士で曳き初め後に感じたことを聴き合うことを通して新たな気付きも得られることでしょう。

(2)　ポイント②　いつでも相談できる人をつくる

　子どもたちが「人」に注目しはじめると資料には載っていないおもいや願いが気になりはじめます。例えば山鉾連合会の会長さんには気になったことをいつでも聞けるというような場があると安心して学んでいけます。校区の祭りとそれに関わる方にお願いできる環境づくりを校内で作っておくと今後も引き継がれていきます。

> **まとめ**
>
> ①全員共通の生の体験を通してより実感を伴った理解を目指す。
> ②気になったこと，ひっかかったことを知ることができる環境づくり。

（小川　辰巳）

4年 特色のある地域と人々のくらし

12

柏原市のぶどうづくりの秘密を探る

1 単元「柏原市の観光ガイドを作ろう」楽しい授業づくりのコツ

(1) 子どもをひきつける！私のオススメ教材

　山の斜面を利用してぶどうの生産を行っている大阪府柏原市。副読本にも掲載されており，資料も豊富なこの教材をステップアップさせるために，実際に現地へ行ってぶどうを狩るという体験からスタートしました（2学期の単元と入れ替えて実施）。山の斜面の様子を実際に見たりぶどう狩りをしたりすることで，説明だけでは伝わらない情報を得ることができます。3・4年生の教材は実際に経験しやすいものが比較的多いので，行ってみるという選択によりステップアップさせることができます。

(2) 子どもが熱中する学習方法

　現地の見学と体験を「楽しかった」で終わらせないために，単元の導入に位置付け，「ハテナを見つける」という目的をもつようにします。そうすることで見学中に「こんなに急な斜面で作業をするのは大変すぎる。山じゃないとダメなの？」や「どうやってこんなに美味しいぶどうをつくっているの？」などのハテナが出され，追究したいという意欲を高めることができます。これらのハテナを基に，子どもたちと単元の計画を立てました。前の単元（「堺市の刃物づくり」）で別の市について学習する中で働かせた社会的な見方・考え方をこの単元でも働かせることができるように，子どもたちが自分で調べて，自分でまとめるワークショップ型授業を採用しました。

2 「子どもとつくる」授業プラン

(1) 準備するもの・資料

- 教科書，副読本（わたしたちの大阪）
- 柏原市HP
- 書籍『柏原ぶどう物語』（柏原市歴史資料館）

(2) 指導計画（14時間取り扱い）

第1次 柏原市のぶどう畑の見学を通して，柏原市のぶどうの生産について関心を高めると共に，学習計画をつくるための「ハテナ」を見つける。

第2次 見つけた「ハテナ」を出し合い，分類してテーマをつくり，自分が追究したいテーマを選択して，学習をスタートする。第4次の発表の概要を捉える。

第3次 選択したテーマについて調べながら，発表に向けて自分の考えをまとめて，発表内容を作っていく。友達と内容を見せ合いながらよりよい発表へと仕上げていく。

第4次 「柏原市の観光大使として，ぶどうの生産についてPRする」という課題のもと，追究してきた内容について発表を行う。

⑶ ピックアップ授業（7時間目）

　調べた情報や新しいハテナを付箋アプリにまとめるようにし，個々の学びを見取るようにしました。下の画像は7時間目の授業後に提出されたものです。矢印を追っていくと，この児童が畑の減少に注目していることが分かります。また，「この問題を解決しないといけないと思った」という記述から，「人々の思い」から「ぶどう生産の課題」へと視点が移っていることが分かります。そこで，次の時間には，その現状に対してどのような取り組みをしているのか調べるように伝えました。

3 授業をワンステップ高めるためのポイント

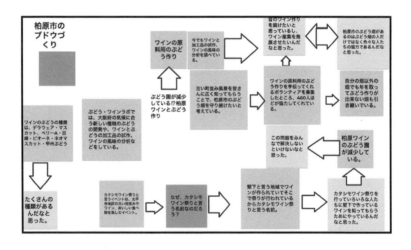

　上の画像からも子どもたちが柏原市のことを自分事として追究している様子が分かります。こうした活動にするために，見学を通して見出された「いつから柏原市でつくるようになったの？」「山じゃないと育たないの？」など多くのハテナを集めると共に，私からも追究してほしい視点を加え，この単元で追究する大きなテーマをつくり，全員で共有しました。

(1) ポイント① 個々の追究を見取り，支える

　右の４つが子どもたちとつくった追究のテーマです。ここから子どもたちが追究の視点を選択し，資料から情報を集める活動をスタートしました。

> ①ぶどうづくりの歴史
> ②ビニルハウスと露地栽培
> ③直売所とぶどう狩り
> ④ぶどうづくりと柏原ワイン

　この児童は④のテーマを選択し，追究を始めました。「カタシモ」という地域の名前と，そこで開かれるワイン祭りに関心をもち，追究を始めていました。

めあて　振り返り　考えていること　などなど
めあて なぜ、カタシモワイ〇〇〇〇名前なのだろうという問いをもった。
コメント 〇上下という所で ワインを作っているので"カタシモワイン" という名前。ついでに、ワインのぶどうの種類を3つ見つけた。

(2) ポイント② 深い学びへと向かう聞き合い

　単元終末では「観光大使としてPRする」という活動を設定し，アウトプットの場にしました。教室内に複数のブースをつくり，関心をもった内容のところへ行くことができるようにしました。それにより，ブース内で対話が生まれ，新しい情報を得たり，自分の内容との重なりを見出したりしながら理解を深める姿がありました。

まとめ

①ぶどう畑の見学を通して見つけたハテナを追究する単元構成を行う。
②個々の追究を観光大使として表現し，深い学びへと向う場をつくる。

参考図書　冨田明広・西田雅史・吉田新一郎（2021）『社会科ワークショップ』新評論

（永井　健太）

▶▶column1

子どもたちの「気付き」を大切にした学習をつくる

　1・2年生の生活科の学習では，作る・育てる・探す・遊ぶなどの活動における子どもの「気付き」を大切にしています。子どもの「気付き」を大切にした学習を通して，子どもたちはものの見方・考え方を獲得し，それを基に社会や自然に対する理解を深めることができます。

　生活科の学習を生かし，社会科の体験学習をステップアップさせるには，体験を通した子どもたちの「気付き」を，問いや自分の考えとして表現することが必要となります。問いの例を挙げると，p76の実践のように，ぶどう狩りの体験をしてみて，そこで生まれた子どもたちの「気付き」を単元の展開を方向づける問いとして，計画に生かすようなことです。また自分の考えの例を挙げるとすると，スーパーマーケットの見学で「同じ醤油でも色々な種類の商品を売っていた」という気付きから「お客さんのニーズに合わせるための工夫をしている」という考えとして表現するということになります。そしてここには，教師による学習環境のデザインや問いかけなどの手立てが欠かせません。

　私は今年度1年生の担任をしており，日々子どもたちの真っ直ぐで，豊かな子どもたちの「気付き」に感心しています。この素晴らしい子どもたちの「気付き」を見取り，それを最大限に生かすように試行錯誤することで体験学習をステップアップさせることができるのです。

参考図書
寺本潔（2016）『小学校生活』玉川大学出版部
棚橋健治・木村博一（2022）『社会科重要用語事典』明治図書

（永井　健太）

第3章

「ステップアップ」
社会科授業づくり　5年

5年の社会科を
ステップアップするためのコツ

　5年生の社会科をステップアップさせるために，意識したいことは，
自分たちのまちと比べてみると違うな（同じだな）
と子どもたちが思えるようにすることです。そのために，

・自分たちの地域と比較する
・資料を通して自分の意見を語れる
・問いに対して自分の考えをもてる

ことを意識していきましょう。

　とくに，
資料を通して自分の考えをもつことができるか
はポイントです。

　資料に対して子どもたちが「自分事」として考え，その考えを授業で
伝え始めたら上手くいきます。子どもたちが考えをぶつけ合い，認め合
う。

　そんなイメージで授業づくりに取り組んでみましょう。

ドイツと比較し地形の特色を捉える

1 単元「日本とドイツのちがい」楽しい授業づくりのコツ

(1) 子どもをひきつける！私のオススメ教材

　日本の国土の特色を学ぶ際，比較対象があることでより特色を際立たせることができます。そこで，日本と領土面積が近いドイツを比較対象として，地形や排他的経済水域（EEZ）等を比べることを通して，日本の特色を理解できるようにします。例えば「ドイツは北側が北海やバルト海に面し，南側にはアルプス山脈があるため，北は平地で南は丘陵や高地となっている」のような様子を提示し，「では日本はどのような地形なのか？」と問いかけることで，島国であることや，山地が7割を占めていることなどを知ることができるようにします。

(2) 子どもが熱中する学習方法

　大陸名，外国の名称と国旗，緯度経度，地形に関する語句など，獲得すべき用具的知識が多い単元です。問いを子どもたちと共有し，その問いを解決する中で知識を獲得できるようにします。例えば「日本は地球のどこにあるのか」という問いを共有し，解決に必要な大陸名や緯度経度の意味などについて，調べ活用できるようにします。また，そのような問いに加え，大きな問いやパフォーマンス課題を提示します。例えば「ドイツの人々に日本の位置や国土の様子を伝えよう」として，単元終末のアウトプットに向けて，学習を進めるようにします。

2 「子どもとつくる」授業プラン

(1) 準備するもの・資料

- 教科書，資料集，地図帳
- 地球儀
- PC，タブレット　※マップアプリが使えるもの

(2) 指導計画（10時間取り扱い）

第1次 「日本は地球のどこにあるのか」という問いに対する答えを考えることを通して，大陸名・海洋名や緯度経度について理解する。

第2次 日本と領土面積の近いドイツの国土に関する情報をもとに「日本とドイツの国土にはどのようなちがいがあるだろう」という問いをもつ。比較しながら調べることを通して，日本の国土の特色と領土問題について理解する。

第3次 ドイツの地形に関する情報をもとに「日本とドイツの地形にはどのようなちがいがあるだろう」という問いをもつ。比較しながら調べることを通して，日本の地形の特色について理解する。

第4次 「ドイツの人々に日本の位置や国土の様子を伝えよう」というパフォーマンス課題について，これまでに学習した内容を生かしたまとめやプレゼンをつくる。

(3) ピックアップ授業（4時間目）

　領土面積は日本が約38万 km^2，ドイツが約36万 km^{2}であることと，世界の領土面積ランキングでは日本が62位で，ドイツが63位であることを示し，領土面積の近い国であることを知らせました。その後，ある面積になると日本は約448万 km^{2}でドイツが約3万 km^{2}と圧倒的な差が生まれること，また日本は国土に関係するあるものの数が約14000，ドイツが約90であることを示し，「何の面積と何の数で大きな差が出るのか」という問いを引き出した上で，予想を交流しました。子どもたちからは「海の広さ」「山の広さ」「森林の広さ」「山の数」「湖の数」などの予想が出され，その後調べる活動へと入っていきました。教科書や資料集の情報から，日本の排他的経済水域の広さと島の多さに気付いて驚いたり，地図帳でドイツを確認して北側だけが海に面していることを知って納得したりする姿が見られました。比較を通して，面積が近い国でもこんなに違いがあるということを知り，日本の国土の特色を理解することができていました。

3 授業をワンステップ高めるためのポイント

　4時間目の学習は，海や島といった領土の周囲に着目した内容になったので，次は「日本とドイツで，領土内にはどのようなちがいがあるのだろう」という問いを引き出します。その後，ドイツの地形図を提示した上で，北側には平野，中央は山や丘陵，南側は山脈が広がっているという地形の情報を大まかに伝えます。そして日本の地形について予想を立てます。その際，前時に学習した日本が島国であることを確認した上で予想することで，「ドイツのように北と南で様子が異なるという地形にはならないぞ」「ではどうなっているのだろう」と調べてみたいという意欲を高めるようにします。このように比較することで子どもたち主体の学習へとつながっていきます。

(1)　**ポイント①　地球儀と地図帳をフル活用する**

　地球儀と地図帳に触れる時間をたっぷりとれる単元です。この機会に子ど
もたちが夢中で地球儀に触れ，地図帳を見ることができるようにします。そ
のためにも問いが重要です。第1時には「日本は地球のどこにあるのか」と
いう問いを共有し，解決に向けて地球儀に触れる時間を十分に設けます。そ
の後，「この単元では日本の面積と近い国と比べながら学習を進めます。さ
てどこの国でしょうか。」と問いかけ，地球儀と地図帳から探すようにしま
す。その際，地球儀と地図帳で表される面積の違いを伝えます。

(2)　**ポイント②　パフォーマンス課題を共有する**

　獲得した知識を活用する場面を設定することで理解が深まります。この単
元ではドイツとの比較を通した学習を進めてきたので，最後は「ドイツの人
たちに日本の国土についてプレゼンする」という活動で締めくくります。プ
レゼン作成の前に子どもたちと学習を振り
返りながら，どのような内容が入っている
と良いかを話し合います。そして右のよう
な内容を共有し，相互評価し合う際の視点
としても活用できるようにしました。

> ①日本の位置
> ②日本の領土・領海・EEZ
> ③日本の地形
> ④領土における問題

まとめ

①ドイツとの比較によって日本の国土の特色を際立たせる。
②地球儀や地図帳を開く必然性となる問いを共有する。
③他国との比較から領土の問題を考える。

参考図書　北俊夫（2016）『だれでもできる社会科学習問題づくりのマネジメント』文溪堂

（永井　健太）

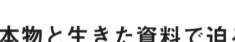

5年 低い土地のくらし・高い土地のくらし

本物と生きた資料で迫る高地と低地

(1) 子どもをひきつける！私のオススメ教材

　高学年における地理的分野の学びでは，子どもたち自身の生活圏から離れた事象を取り扱うことがさらに多くなってきます。その中で，本物（実物・人）や教員が自ら撮影してきた写真や動画などといった生きた資料との出会いは，子どもたちの興味関心を一気に高めます。

　また，オンラインで現地とつなげたり，質問状や手紙のやり取りをしたりするなど，人とのつながりから学びを広げたり深めたりできるように，子どもたちのもつ学びの必然性に則した授業・空間づくりを心がけたいものです。

(2) 子どもが熱中する学習方法

　本単元の学びでは，「低い土地のくらし」と「高い土地のくらし」のどちらかを選択して学ぶことが一般的ですが，できればどちらの地域の学習も行い，「比較」して考察を深めていきたいと考えます。それぞれの地域を比較することで，地理的条件のちがいによって，産業の様子や暮らしの様子が異なることを学んだり，そのちがいを活かした「まちづくり」のあり方について検討したりしていく余地が生まれるからです。

　また，ここで取り上げる地域と子どもたちの生活圏の地理的条件との比較もしてみたいものです。そうすることで，子どもたちの生活と結びつけて対象を捉え直すことができるはずです。

2 「子どもとつくる」授業プラン

(1) 準備するもの・資料

- キャベツ（群馬県嬬恋村産） ・米（岐阜県海津市産）
- 写真資料 ・動画資料 ・地域イベントのチラシ

(2) 指導計画（10時間取り扱い）

第1次 群馬県嬬恋村の位置・地形・気候・くらし・農業などの産業について写真資料から予想し，地図帳やGoogle Earthなどを活用して調べ，その特色を掴む。

第2次 岐阜県海津市の位置・地形・気候・くらし・農業などの産業について写真資料から予想し，地図帳やGoogle Earthなどを活用して調べ，その特色を掴む。また，群馬県嬬恋村と比較してみる。

第3次 各地域の人たちとオンライン授業や質問状，手紙などでつながり，各地域での営みをさらに比較して見ていくようにする。また，子どもたちが住む地域とも比較をしていくようにする。教科横断的に考え，調理実習なども行い，学びを深める。

第4次 これまでの学習や経験を踏まえて，主に「どちらの地域が住みやすいか」などについて価値判断しながら，各地域のPRポスターやCM動画，レポートなどを作成し，現地にも送る。

⑶ ピックアップ授業（1時間目）

　群馬県嬬恋村ではその地理的条件を最大限に活かしたキャベツづくりが行われています。そのキャベツをできるだけ多くの人たちに手に取ってもらうために，販売形態や商品生産の面でたくさんの工夫をしてきています。地域の直売所で新鮮な状態で販売したり，近隣の都市部に輸送して販売したりすることはもちろん，コンビニで手軽に購入して食べられるようにしたり，キャベツサイダーのような視点を変えた商品生産を進めてきています。また，嬬恋高原キャベツマラソンなどのイベントも開かれるなどしています。

左：キャベツのコンビニ販売
右：キャベツサイダー
【子どもの考えや疑問】
「コンビニでも手軽に買える」「JAと農家，コンビニ，企業が協力している」「期間限定・群馬限定だから高く売れる？」「広く売れるけれど，価格は下がってしまう？」

　そのことを資料や実物を通して掴むことで，地域の人たちの生業について考察を深めていきます。また，これらの製品づくりの是非を問うたり，他の方法で更にまちおこしにつながる取り組みはできないかと考えたりするようにしました。

 3 授業をワンステップ高めるためのポイント

　単元を貫いて価値判断・意思決定し続ける構造（例えば，「どちらが住みやすいまちか」など）をとると，学習過程で視点を増やし，各地域を比較しながら，多面的・多角的に対象を見つめることができます。
　一般的には「低い土地のくらし」か「高い土地のくらし」のどちらかを選択して学習してきていますが，日本国内には様々な土地が存在することを踏まえ，視野を広げて取り扱うようにすると，以後の学びにもつながります。

左：8月の群馬県嬬恋村の様子
右：木津川流域に残る水屋
【子どもの考えや疑問】
「海津市と同じように水害がよく
起こったのかな？」「Google
Earth を使ってどんな地域か調
べてみたい」

(1) ポイント① 比較してみることでステップアップ

一つの地域を取り上げただけでは対象を比較することができず，学びが浅いものになってしまいます。比較したり，総合して考えたりすることで学びに深みが出てくることを念頭におき，単元計画を立てます。また，そこに子どもたちが住む地域との比較も入れ，生活と結びつけて考えるのもいいです。

(2) ポイント② 教科横断型の学びでステップアップ

各社の社会科教科書でよく取り扱われる群馬県嬬恋村を例に挙げると，キャベツの生産が有名です。名産であるこのキャベツは，全国の消費者の手に渡るように，コンビニでも販売するなど，販路拡大のための工夫をしています。これを家庭科の学習で活用して調理をし，商品を身近に感じたり，そのよさを感じたりすることで，生活に生かそうとする態度にもつながります。

> ### まとめ
>
> ①教科横断型の授業設計で，視野を広げて学ぶことで，その土地のよさを感じ，学びを深めることができる。
> ②「標高の高い地域と低い地域」の両方を比較検討したり，他の地域の事象と関連付けてその特徴を見たりすることで，より学びが深まる。

（安野　雄一）

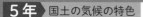

気候がちがう？同じ日本で⁉

1 単元「国土の気候の特色」楽しい授業づくりのコツ

⑴　子どもをひきつける！私のオススメ授業ネタ

　本単元の学習は，子どもたちの生活経験と密接な関わりがあります。だからこそ，導入の部分で子どもたちのもつイメージとのズレを生じさせるような写真や動画といった資料提示をできれば，一気に興味関心を高めることができます。そしてそれらの写真・動画はどの都市を写した資料なのかを予想しながら学びを進めていくことで，ワクワクしながら学習を続けていくことができます。

⑵　子どもが熱中する学習方法

　Google Earth などのマップ機能の航空写真をうまく活用して，「ここはどこでしょう？」「その予想の理由（根拠）は？」と，クイズ的な要素を入れながら，ただの当て物ではなく各地域の雨温図の特徴と関連付けて5年生なりの根拠をもって予想しながらその地域の気候を検討していくようにします。子どもたちは周囲の友だちと対話的に思考を巡らしながら学び続けていくことになります。また，以降の自然災害の学習などともつながる疑問や興味が生まれることが多々あります。そのことを念頭においた上で，理科学習などと教科横断的な学習を想定しておくことで，子どもたちは興味関心を継続してもち続け，学びを広げたり深めたりすることができる可能性が高まります。

2 「子どもとつくる」授業プラン

(1) 準備するもの・資料

・沖縄の写真・動画（3月）　・北海道の写真・動画（3月）
・Google Earth　・気象人HP　・地図帳など

(2) 指導計画（8時間取り扱い）

第1次 各地の写真の様子から，日本の気候の特色について「四季」「梅雨」「台風」などイメージを広げる。また，地域によって気候の様子が異なることを掴む。

第2次 地図帳やICTを活用して，日本各地の気候や地域特有の風の様子について調べ，白地図（日本）に色を塗ったり雨温図や風向きを表す矢印を描いたりしてまとめる。

第3次 日本の地形や気候を関連付けて，自然災害との関係について考え，自分たちの生活の様子を振り返り，これからの生活のあり方を問い直す。

第4次 スライド機能を活用して，日本の地形や気候を関連付けて考え，各地域の写真を使ってクイズを作成して交流し，学習の定着を図る。単元の学びをレポートなどにまとめる。

⑶ ピックアップ授業（2・3時間目）

　第1次において，日本には四季があることや梅雨，台風もやってくることを生活経験と関連付けながら学習し，第2・3次につなげます。ここでは日本における気候区分について調べ，白地図に整理してまとめていくようにします。白地図には色鉛筆でそれぞれの気候区分の範囲を枠取って色塗りをしていき，そこに雨温図も差し込んでいきます。その際には地図帳を有効に使って調べていくと，雨温図などの資料がわかりやすく掲載されています。また，インターネットを活用して調べる際には「気象人」というサイトのHPを参考にすると，過去の気象情報が集められており，理科学習と教科横断的に取り上げる際にも参考になります。併せて，Google Earth を使って各地域の地理的・自然的条件を調査してみると，その地域を撮影した写真や動画も掲載されており，調べ学習に有効に活用することができます。

　実際に子どもたちからは「地図帳って意外といろんな情報が載っていてわかりやすい！」と地図帳の有用性に気付いたり，「瀬戸内の方は乾燥するからため池が多いのかな？」と Google Earth で各地を見ながら地理的条件と気候を照らし合わせて予想したり，考えたりする姿が見られ，自然と対話的に学び合う姿につながっていました。地図帳や資料集は調べ学習を支える資料の宝庫です。意図的・計画的に活用場面をつくっていくようにしています。

3　授業をワンステップ高めるためのポイント

　子どもたちがもつ生活経験やイメージとのズレを生じさせたり，生活・学習経験をうまく活用して思考したりする教材提示や発問の工夫をすることが重要です。例えば，3月の沖縄と北海道の街を写した写真を提示したり，Google Earth を活用して瀬戸内地方の航空写真（ため池の多い地域を写した箇所）などを用意したりするなど工夫します。子どもたちはこれまでの生活経験や既習内容を駆使して思考をアクティブにして学ぼうとするでしょう。

左：青森県の家の工夫

学びを活かす問い：「どこの地域を写した写真か」

【子どもの考えや疑問】

「玄関が守られている」「このガラスは風から家を守るため？」
「東北地方は冬に雪が多いから，雪が積もっても家の外に出られるようにしているのだと思う」「それなら北海道の可能性もあると思う。北海道も冬は寒いし，よく雪が降るから」

(1) ポイント①　ICT を有効に活用することでステップアップ

　Google Earth などの航空写真を活用して対象とする地域の地形や自然環境の様子などを細かに観察することで，国土の気候について認識を深めることができます。また Google Earth にはその土地の様子を撮影した写真や動画が世界中の人たちの手によってアップされています。気候を捉える一助とすることもでき，その場に行かなくても多くの情報を得ることができます。

(2) ポイント②　教科横断型の学びでステップアップ

　特に理科の学習と関連付けて学び続けていくことで，学びに深みが出てきます。理科においても天候や気候に関わる学習がなされているからです。また，「自然災害」というキーワードにも理科・社会科ともに触れられています。教科間の学習を有効に関連付けることでステップアップできます。

まとめ

① ICT を有効に活用して，対象となる地域の地理的条件や自然環境などを細かに見ていくことで，気候の学習に深まりが生まれる。

②理科の天候や気候の学習と関連付けるなど教科横断的に学習展開すると，興味関心を持続させながら学びを深めていくことができる。

（安野　雄一）

04

居住地と「沖縄」を問いでつなぐ

1 単元「あたたかい土地のくらし」楽しい授業づくりのコツ

(1) 子どもをひきつける！私のオススメ授業ネタ

　「気候や地形条件から見て特色ある地域」を扱うこの単元は，自分たちの住んでいる地域から遠い地域の学習になりやすいため，単元を通して，身近に引き寄せたり，興味・関心を引き出したりする工夫が必要です。そのためには，「なぜだろう」「どのようになっているのか」といった子どもの問いを醸成することが大切です。例えば，「沖縄県の観光が盛んなのはなぜか」について考える時間では，居住地と事例地の月別観光客を比較することによって，子ども発の学習問題を立ち上げることができます。

(2) 子どもが熱中する学習方法

　子どもの興味・関心をさらに引き出すためには，学習問題を焦点化，具体化させることも大切です。そのための手立てが「予想をさせる」ことです。学習問題に対して「たぶんこうではないか」と自分なりの予想を立てること，仮の答え（仮説）を考えることによって，自ら調べる内容を一層明確にすることができます。先の観光の学習であれば，「一年中暖かいから」「観光地が多いから」「海がきれいだから」といった予想の検討を通して，本当はどうなのか，早く確かめてみたいという意欲が高まります。このようにして，学級全体の学習問題が，一人一人の子どもの中で焦点化，具体化していくように促し，「その子の学習問題」が立ち上がるようにします。

2 「子どもとつくる」授業プラン

(1) 準備するもの・資料

- 教科書，社会科資料集
- 沖縄県と自分の住む都道府県の地図や雨温図
- 沖縄県への観光客数（グラフ），沖縄県の伝統的な家（写真）
- さとうきび（実物）

(2) 指導計画（6時間取り扱い）

第1次 沖縄県の様子について，写真や雨温図（グラフ）の読み取りから，学習問題「暖かな土地に住む沖縄の人々はどのような生活をしているのだろう」をつくる。

第2次 沖縄県の観光業，農業（さとうきびや菊），生活（家の造り）について調べることを通して，沖縄県の人々は，暖かい気候を生かして産業を行い，自然を守りながら生活していることを捉える。

第3次 これまでの学習を振り返りながら，単元の学習問題に対する結論を考える。また，調べたことを基にして，沖縄県のよさが伝わるポスターを作る。

(3) ピックアップ授業（2時間目）

　「沖縄県では，なぜ観光が盛んなのか調べたい！」という追究意欲を喚起するために，「ずれ」を生む資料提示を行いました。用意した資料は，子どもの居住地である「新潟県の月別観光客数の変化」を表したグラフと，「沖縄県の月別観光客数の変化」のグラフです。

　まず，スライドに注目させ，新潟県の月別観光客数の変化を示しました。子どもは，新潟県への観光客は8月が多くて冬は少ないこと，その理由として8月は夏休みがあり，冬は寒くてどんよりしているからだと予想しました。このように感じている子どもに，「沖縄県はどうだろう。見てみよう」と沖縄県のグラフを提示します。すると多くの子どもたちが「えー！」と驚きました。沖縄県への観光客数は1年を通して差がないからです。新潟は夏多く，冬少ないのに，沖縄は変わらない…，このような予想のずれから「なんで⁉」という驚きと疑問の声が教室のあちこちで表出しました。子どもの問いが立ち上がった瞬間です。続く予想では，「ずっと暑くて気候があまり変わらないから」「観光地が多いから」といった予想が出されました。さらに「どの予想が合っていると思うか」と発問し，予想の正誤の検討を促すことで，早く確かめてみたいという意欲も醸成されました。

　自分たちの住む新潟から遠い沖縄県の観光についての学習であっても，学習問題づくりを工夫することによって，身近に引き寄せたり，興味・関心を引き出したりすることができました。

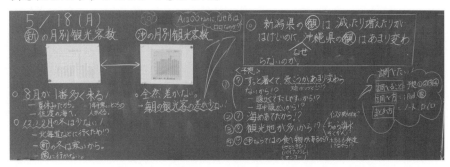

3 授業をワンステップ高めるためのポイント

　5年生の社会科では資料提示による学習問題づくりが多くなりますが，それに加えて実物を用意することも効果的です。3時間目の概要を紹介します。

(1) ポイント① 「さとうきび」を取り寄せる

　大手ショッピングサイトを活用すれば，さとうきびは早く安く手に入ります。居住地で目にすることができないからこそ，実物を見た時の驚きや感動は大きなものとなります。同時に，遠い事象が身近なものになり，子どもの興味・関心も一気に高まります。

(2) ポイント② 実物＋資料提示で追究意欲を喚起する

　具体的には，さとうきびの作付面積の予想を出させた後，その予想を上回る数値を提示します。こうすることで子どもは，予想と事実のずれから驚きや疑問を抱き，「なぜ沖縄ではさとうきびがこんなにたくさん作られるのか」といった問いをもちます。実物で引きつけ，資料提示の工夫で学習問題をつくる。導入10分で子どもの追究意欲を喚起します。

> **まとめ**
> ①事例地沖縄県を身近に引き寄せるために学習問題づくりを工夫する。
> ②さとうきびなどの実物を用意して，子どもの興味・関心を高める。

（椎井慎太郎）

養殖×寒さで特色を見出す！

1 単元「寒い土地のくらし」楽しい授業づくりのコツ

(1) 子どもをひきつける！私のオススメ教材

　本単元では，北海道厚岸町における寒さを生かした漁業を中心に学習を進めていきます。北海道では，開拓に携わった人たちの工夫や努力もあり稲作が盛んになった地域がある一方で，厚岸町をはじめとした道東（北海道の東側）の地域は泥炭地や寒さの影響で稲作はうまくいかなかったという歴史があります。そこで，悩まされてきた「寒さ」を逆手にとり，漁業を発展させてきた人の営みに着目して単元をデザインしました。自然環境の中で苦労した過去のある北海道ですが，現在では自然環境を生かしながら産業を進めていることを厚岸町の事例を通して捉えることができるようにしていきます。

(2) 子どもが熱中する学習方法

　厚岸町での漁業を教材として取り上げますが，あくまでも本単元のねらいは「自然条件をどのように生かしているか」に着目させることです。そこで，厚岸町で育てる漁業を営むNさんを取り上げることを通して，子どもたちの情意面を揺さぶりながら，寒さを生かす工夫や努力に気付くことができるようにします。単元のはじめに寒さをマイナスに感じていた子どもが，Nさんの営みを通して寒さにプラスの側面があるという発想の転換へつなげられると考えます。Nさんとの出会いを通して，子どもが単元に入り込めるようにしました。

2 「子どもとつくる」授業プラン

(1) 準備するもの・資料

- 教科書，地図帳，副読本
- 自作の映像資料「Nさんのインタビュー」
- 自作の資料「Nさんの足跡と北海道の漁業の出来事を併記した年表」
  （個人史）

(2) 指導計画（6時間取り扱い）

第1次 教科書や地図帳をもとに北海道で豊富な食料が生産されていることを共有するとともに，開拓当時の苦労などを確認し，学習問題「厳しい寒さのなかで北海道の人たちはどのように生活してきたのか？」をつくる。

第2次 厳しい寒さの中で，北海道ではどのように日本有数の「米どころ」になったのか追究する。また，稲作が盛んになった地域がある一方で，道東では夏も気温が上がらないため農業が上手くいかなかったことを確認することで第3次へつなげる。

第3次 副読本や自作資料をもとに，夏も寒いことを生かして厚岸町で牡蠣養殖をするNさんの工夫や努力を追究する。また，Nさんの営みを通して寒さを生かす北海道の取組へつなげる。

第4次 開拓当時の様子やNさんの営みを振り返りながら，学習問題に対する自分の考えを記述する。

⑶ ピックアップ授業（４時間目）

　前時までに，道東では夏も暖かくなりにくかったことから稲作が定着しなかったことを確認しました。４時間目には，厚岸町で「カキえもん」というブランド牡蠣を養殖するＮさんの営みを取り上げます。「カキえもん」は，３年間の養殖の過程で10％ほどしか生き残らないほど生産が難しい牡蠣です。それでも，寒いからこそ美味しい牡蠣を生産できるというＮさんの思いに触れることで，「カキえもん」を生産するＮさんの思いや工夫や努力を追究できるようにしました。

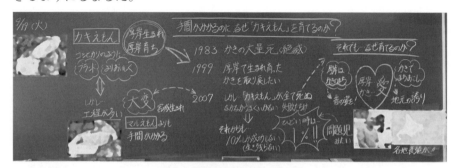

　右に示したのは４時間目の授業の振り返りです。Ｎさんの営みを通して，寒さを逆手にとって牡蠣養殖をする工夫に気付く記述が多く見られました。また，漁業と「まちおこし」の視点を関連付けて記述する姿も見られました。寒さを切り口に漁業だけではなく，様々な視点と関連付けて社会を見つめられたことは人の営みを取り上げたこその姿だと考えます。

█さんの取組を通して学んだこと

牡蠣を作るための環境で必要なことはまず海の中とかがずっと涼しい所の方が牡蠣が育つのと植樹のおかげで牡蠣が育つことがわかりました。他にも，牡蠣を育てる人の中で110中10しかカキえもんを育てていないのに今でもカキえもんが存在しているということと牡蠣を知ってもらうためにバーやバンドをやっていたりして地域おこしのために色々なことをしていることがわかりました。

█さんの取組で印象に残った場面

自分で牡蠣を作るのも印象に残ったけど売りに出せる牡蠣が大体20％でとかがすごく少ないなと思いました。また，自分の牡蠣を作るためにオーストラリアで牡蠣の育て方のテクニック的なのを学んだりして今までずっと続けていけていることがすごいと思いました。他にも，かいが全然取れなかった時でもやめずにやっていたこともすごい印象に残りました。

█さんの取組を通して考えたこと

私は牡蠣を食べたことがなかったし牡蠣の中にも種類がたくさんあるってことが知らなかったのでまずカキえもんやマルえもんという牡蠣の種類があることをしれてすこし牡蠣の種類について知れたんじゃないかなと思いました。また，█さんの経験談では自分の住んでいる街の牡蠣を作りたいと思ったことが初めてでそれからオーストラリアに言って牡蠣の新しい育て方みたいなのを学んでそれを得たうえで自分の牡蠣を作ろうと考えたということが書かれていて私は地域のために何かしたいなとかは考えたことはあったけどそれをするためにそんな外国に行ったりとか新しい牡蠣の育て方を学ぼうとか考えないのでその点で█さんは行動力や地域を思うところがすごく大きいんだなと思いました。

③ 授業をワンステップ高めるためのポイント

　授業を子どもたちと創り上げていくために，「その子ならではの考え」が授業の中で表れるようにすることが大切だと考えます。授業の中での仕掛けを通して子どもたちが自分なりの考えを表現できるようにしていきます。

(1)　ポイント①　個人史を通して工夫や努力に迫る

　子どもたちが追究していく過程で「Nさんの足跡と北海道の漁業の出来事を併記した年表」（Nさんの個人史）を提示しました。Nさんが牡蠣養殖する理由について，個人史と関連付けながら根拠をもって子どもたちが授業に参加できるようにしました。一人ひとりが異なる部分に着目する姿が見られ，学級全体でNさんの工夫や努力について話し合う姿が見られました。

(2)　ポイント②　インタビュー内容を資料化する

　人の営みを取り上げる際，インタビュー映像を見せることがあるかと思いますが，本単元では映像に加えて資料化して子どもに配付しました。資料をじっくり読みながら線を引く活動を取り入れることで，気になった部分を明確にしながら自分の考えを形成できるようにしました。

まとめ

①北海道の過去と現在を通して単元にストーリー性をつくる。
②実社会で課題と向き合うNさんの営みを取り上げる。

参考図書　由井薗健（2017）『一人ひとりが考え，全員でつくる社会科授業』東洋館出版社

（澤田　康介）

見えてくる！日本の食料生産って？

1 単元「米づくりのさかんな地域」楽しい授業づくりのコツ

(1) 子どもをひきつける！私のオススメ教材

前の単元が「くらしを支える食料生産」という単元でした。「くらしを支える食料生産」の単元名にある「くらしを支える」という言葉に注目したときに「毎日食べることで生きることができる」「米・魚・肉・野菜といった食料の生産ってとても大切な仕事」といったことを話しながら子どもたちは食料生産に注目し

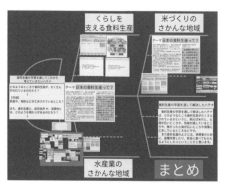

単元を通して使用したシート

ていきました。この単元での学習で「農産物の生産量が多いこと」「食べ物の産地の広がり方（地形や気候と生産の関係）」「主食なのに米の生産額が大きく減っていること」を知り，その土台のもと「米づくりのさかんな地域」へと学びを進めていきました。

(2) 子どもが熱中する学習方法

これまでの学びをつなげることができるとより知ることやわかることへとつながります。この単元だけでなく，食料生産の単元では最後の時間に「日本の食料生産って？」という問いに立ち返るようにしました。

2 「子どもとつくる」授業プラン

(1) 準備するもの・資料

- 教科書　・ふりかえりシート（ロイロノート）
- 山形県産米のリーフレット　・NHK for School
- 庄内地方の一等米の割合

(2) 指導計画（8時間取り扱い）

第1次 米づくりと自然条件の関係を捉えるために「庄内平野」「越後平野」「石狩平野」「十勝平野」の航空写真を見て平野の東側に山があるという特徴を知る。その上で10aあたりの収穫量では山形が一番多いことを知ったり，庄内平野での一等米の割合を見て山形の米の優秀さを知ったりして，庄内平野での米づくりに注目していく。

第2次 教科書を使いながら庄内平野での「米づくり」「支える人たち」「全国への輸送の流れ」「課題と新しい取り組み」について調べていく。

第3次 「庄内平野ではどのようにして優秀な米を作っているのだろう」という学習問題について，今の考えを聴き合う。さらに「日本の食料生産って？」という大単元の問いに立ち返り，この単元での学びと前の単元での学びをつなげる。

⑶　ピックアップ授業（8時間目）

　この時間の最初は調べたことをもとに単元の学習問題である「庄内平野ではどのようにして優秀な米を作っているのだろう」について聴き合いました。「自然条件」「生産における努力や工夫」「農家を支える人々」など様々な視点から互いに調べて知ったこと，分かったことについて聴き合いました。

　下にあるのがある子の本時でのふりかえりです。

> ・学習後の考え
> 私は、この学習をしてお米は大切にしていかないといけないとあらためて思いました。お米は農家の人、JAの人、営農指導員の人が苦労して水の量(深さ)、田の形などを調整しているし、今は　　　さんが言ったようにお米の消費量が下がっていてそれは様々なおかずがふえてきて一人当たりのお米の消費量はさがってきていることやご飯の手間をはぶきコンビニのおかずなどで済ませる人もふえてきているからだそうです。他にも主食をパンや麺にするひともふえてきていることが関係しているそうです。だからこそおいしいお米をつくり、たくさんの人にお米を食べてもらいたいというおもいでお米をつくっていると思います。

　この子は「米づくりのさかんな地域」の学習を通して，生産者のおもいに目を向けながら自分自身もっとお米を大切にしていかないといけないと書きまとめていました。さらにそうした気付きを生かしながら「日本の食料生産って？」という大単元の問いに立ち返りました。

テーマ　日本の食料生産って？

お互いの考えを聴き合って、改めて自分が考えたこと、気づいたこと、気になったこと	水産業の単元で考えていきたいこと
私は、改めて日本の食料生産は、「人」と「自然」がつながっていると思います。 　「人」では、人々が昔から、食料生産に工夫をしているということです。米作りで例えると、水の調整をしやすいように、管理する場所を作ったり、種もみを選ぶときに、良いものを選びたいから、塩水につけるという技術を使ったりすることです。 　だから、日本の食料生産は、人の知恵が大切だと思います。 　また、「自然」では、聴き合って考えたことだけど、食料を生産するには、広い土地や、気候など自然の力を借りないと、生産することができないと思いました。例えば、畜産物では、広い土地が必要だし、農産物では、豊かな水や、気候が大切です。 　だから、日本の食料生産では、自然の力が大切だと思いました。 　このように、友達と意見を聴き合って、日本の食料生産では、「人々の知恵」「自然の力」が大切だと気づきました。	水産物の単元では、水産物を取るための気候の条件や、地形の条件などを、くわしく調べて、改めて、日本の食料生産とは何か、考えていきたいと思いました。

　すると，『「特色を生かすこと」「人々の努力」「人のおもい」があるからこそ日本の食料生産は成り立っている』と米づくりだけではなく，広く視野を広げていくことができました。単元の終わりに「日本の食料生産って？」という問いに立ち返り，見方を獲得しておくことで，次の「水産業のさかんな地域」のときにも獲得した見方が生かされます。

3 授業をワンステップ高めるためのポイント

　庄内平野で作る米に注目する際に，様々な資料を用意しました。教科書に掲載されているものだけでなく教師として「この資料があればより庄内平野で作る米に注目できそうだ」と感じた資料を使いました。使用したのは「庄内地方の一等米の割合」や「特Aを全国最多4銘柄受賞」の資料です。

(1) ポイント① 資料を見て優秀さを知る

　具体的な数値や回数を見ると，優れているということを知ることができます。子どもたちは庄内平野の一等米の割合と全国平均を比べて，庄内平野の米の優秀さに気づき，「何が違うのか？」と考えていました。さらに全国でも最多の特A受賞数を見て品種の良さも知ることができました。

(2) ポイント② 特Aを受賞する苦労や努力を知る

　特Aを受賞するまでの過程をさらに学びたいと考えました。そこで，開発に取り組んでから長い期間をかけて取り組んだ末にやっとの思いで受賞したという受賞までの苦労や努

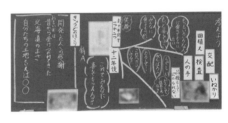

力を知ることができるように道徳科「美しい夢―ゆめぴりか―」という教材を通して学習しました。

> **まとめ**
>
> ①庄内平野の米に目を向けるきっかけをつくる。
> ②カリキュラムマネジメントをして他の教科の学びともつなげる。

（小川　辰巳）

陸上養殖は水産業を救えるか⁉

07

1 単元「水産業のさかんな地域」楽しい授業づくりのコツ

(1) 子どもをひきつける！私のオススメ教材

　水産業のさかんな地域は大単元の食料生産に組み込まれた中単元であり，子どもたちが実生活と関連させながら学ぶことで，より自分ごととして水産業に関心を持つことができます。例えば，一週間の間に自分が何を食べたのか調査をして，どれだけの水産物をどのように食べているのかなど事実から考えられます。また，近所のスーパーの鮮魚コーナーなどから，自分たちの地域ではどのような魚が多くとれるのかなどの特色も見やすくなります。

(2) 子どもが熱中する学習方法

　子どもたちから「なぜ？」や「どうして？」と多くの問いを持たせ，調べてみたいと思わせ  るためにも，単元の導入がとても大切になります。消費者である自分たちの元へ，生産者である漁師さんたちがどのような工夫や努力をして魚をとり，どうやってそこから運ばれてくるのかなど，たくさんの問いが子どもに生まれてきます。そこから学習問題を設定し，どのように学習を進めていくのか子どもと一緒に学びたい順番を決めていきましょう。させられている学習から自分たちで学びをつくっていくように子どもが感じられると学びへの没入感が変わってきます。

2 「子どもとつくる」授業プラン

(1) 準備するもの・資料

・教科書，地図帳，資料集，一週間の献立調べ
・写真や資料（琉大ミーバイの加工品など）

(2) 指導計画（9時間取り扱い）

第1次 自分たちが普段食べている物を捉えると，肉よりも魚などの水産物の種類が非常に多いことに気付かせる。なぜ肉よりも魚が多くの種類を食べられているのかなどを考えさせ，それらの魚が日本のどこで多くとられているのかなど教科書の資料から読みとらせる。そこから自分の問いを持たせ，クラスで学習問題を設定し，学びたい順番を話し合いながら決めていく。

第2次 漁師さんたちの漁の工夫やとった魚を高く売るための鮮度を保つことや品質を高める工夫について調べる。水揚げされた魚が消費者の元へどのように届くのか，また自然条件を活かした養殖などについて生産者の工夫や努力について資料をもとに理解する。

第3次 水産業を取り巻く変化などから日本の水産業の課題や変化について捉え，水産業を安定して続けていくためにはどうするか問題意識を持つ。さらに日本と世界の国々との関わりにについて捉え，水産資源の管理の重要性と水産資源を守りながら，とり続けるためにはどうするべきかを考える。

第4次 水産業の課題を解決するための新しい技術や人々の取り組みに着目して，持続可能な水産業に取り組む意義について捉え，これからの水産業について考える。

(3) ピックアップ授業（9時間目）

　本時では，産官学で連携して研究している陸上養殖の「琉大ミーバイ」が，

水産業の課題を解決する
ことができるかできない
かについて仲間と議論し
ていきました。そして，
これからの水産業のあり
方について考えることが
できるようにします。

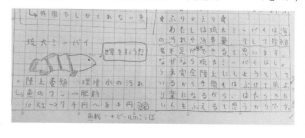

　また，第2次の養殖業の学習や第4次の持続可能な取り組みの育てる漁業
でも「琉大ミーバイ」に触れておき布石を打っておきます。

　日本の水産業の課題について，子どもたちと学習してきた中で，「後継者
不足」「魚の量が減少」「消費量の低下」「環境の変化」と4つの内容が子ど
もたちから挙げられました。この課題に対して，Jamboard を使いながら，

個人の考えもクラス全体
で共有しながら，議論し
ていきました。結果とし
て「消費量を上げること
や環境に配慮すること，
また捨てられる魚を餌に
すればフードロスの削減
にもつなげることができ

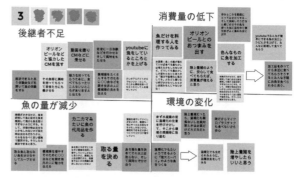

る」という意見が挙がりました。しかし，ここで「知名度が足りない」と一
人の子が発言し，知ってもらうためにはどうするかなどの議論が展開されて
いきました。また，「海水の汚染問題なども含め，他の場所でも養殖はされ
ているので，琉大ミーバイだけでは無理だ」という意見も挙がりました。そ
こで最終的に子どもたちは，「だからこそみんなの意識を変えるためにも

SDGs があり，自分たちにもできることを考えていこう」という意見で授業は終了し，あとはふり返りに Jamboard にそれぞれの意見をまとめてもらいました。

3 授業をワンステップ高めるためのポイント

(1) ポイント① 子どもにとって身近な材で実生活との関連を

子どもたちの身近な地域素材から，他地域や日本全体と比較し，共通点や相違点を捉え日本の水産業の特色と課題を捉えます。例えば，子どもたちが好きな回転寿司チェーン店の HP からネタの原産地情報を取り上げます。多くのネタが海外からであることに気付き，大単元の最後である食料生産の布石となります。

(2) ポイント② 知りたい，すぐに調べられる環境づくりを

子どもたちは頭の中に？が生まれるとすぐに知りたがります。教室の環境づくりの一つとして掲示物や関連する資料などを学級文庫を活用することで興味を促しつつ調べることも可能です。最近は一人一台端末のおかげで知りたいこともすぐに調べる習慣がついている子が多いと思います。知りたい，調べたいと思わせる環境の工夫で情報収集力も高まります。

まとめ

①子どもの実生活と学びをつなぎ主体性を高める地域素材の教材化。
②持続可能な水産業のあり方とは何か，学んだことから考える。

（西　　竜王）

08

日本産・外国産買うならどっち？

1 単元「日本産・外国産買うならどっち？」楽しい授業づくりのコツ

(1) 子どもをひきつける！私のオススメ教材

　本単元では，日本の食料自給率の低さ，輸入依存度の高さを捉えるとともに，これからの食料生産のあり方について考えさせることをねらいとします。食料輸入の問題点を具体的に調べることを通して，わたしたちの食生活に必要な食料を確保するために，国内生産だけではなく外国からの輸入も重要な役割を果たしていることを捉えさせていきます。具体的には，日本産と外国産の牛肉の値段を踏まえた上で，「あなたならどちらを購入しますか？」と問います。判断の分かれる問いを通して，食料自給率を上げるという視点に立つことだけではなく，食料の安全性や国内生産とのバランスの視点についても触れながら，食料生産のあり方を考えることができるようにします。

(2) 子どもが熱中する学習方法

　本単元では，校区にあるスーパーに見学へ行くことで実感を伴った理解へとつなげていきます。スーパーの見学というと3年生の学習のイメージが強いかもしれませんが，体験を通した学びが子どもの問いへつながっていくことは高学年でも同じです。国内産と外国産の食品に着目させて見学を行うことで，日本産と外国産の違いを見いだすことができると考えます。

2 「子どもとつくる」授業プラン

(1) 準備するもの・資料

- 教科書，地図帳
- スーパーのチラシ（複数の店舗）
- 牛肉のトレー（実物）

(2) 指導計画（4時間取り扱い）

第1次 日本の食料自給率を把握した上で，他国と比較して日本の自給率の低さを捉える。また，身近な料理の輸入の割合から主要な食品を輸入に頼っている現状を確認した上で，輸入が増えた理由を「輸送の技術」や「食生活」を手がかりにしながら追究する。

第2次 スーパーで見学したことをもとに，日本産・外国産の牛肉の値段を比較する。教科書の文章や資料を手がかりにして，輸入に伴う問題を整理するとともに，「あなたは日本産と外国産ならどちらの牛肉を買いますか？」という問いを自分の立場を決めて考えを述べられるようにする。また，「えびの養殖池」をもとに，輸入が増えていくことにより，輸出国に与える影響を考える。

第3次 スーパーの地産地消のコーナーの写真を提示し，国内の身近な場所でも工夫した取組が行われていることに気付く。国や生産者・販売者などそれぞれの立場の取組を整理し，安定して食料を確保し続けるために，自分たちにできることを考えていく。

⑶　ピックアップ授業（3時間目）

　本時では，2時間目に行ったスーパー
の見学を通した子どもの気付きをもとに
学習を展開していきます。日本産と外国
産の商品に着目して見学した際，多くの
子どもが気付くことが値段の違いです。
特に，牛肉は値段の違いが顕著です。オ

外国産（オーストラリア）
100g
400円

日本産
100g
1280円

ーストラリア産の牛肉は100ｇあたり400円であるのに対し，日本産の黒毛和
牛は100ｇあたり1280円。3倍以上の違いがあります。子どもの「えっ？」
という反応をもとにしながら「なぜ外国産の牛肉はこんなに安いのか？」と
いう問いを生み出しました。「大量生産」「機械化」という言葉を用いながら
外国産の牛肉の安さの秘密を解決する姿が見られました。

　授業の後半では，「あなたなら日本産と外国産どちらの牛肉を買います
か？」と問いかけました。判断の分かれる問いを通して，子どもたちは根拠
を明確にしながら，自分の考えを述べる姿が見られました。以下は，本時の
振り返りの記述です。

【日本産の牛肉を買う】
・テレビなどで丁寧に育てているところを見て，日本で作られたものは
　より信頼できるなと感じました。
・どちらを選ぶか，とても迷いました。値段が高いので毎回日本産は買
　えないかもしれないけれど，日本の食料自給率や牛を育てている人た
　ちを応援したいので，日本産を買ってみたいです。
【外国産の牛肉を買う】
・日本の食を守りたいけれど，やっぱり安さは魅力的。すごく危険では
　ないなら外国産を買うと思う。

---

3 授業をワンステップ高めるためのポイント

　食料自給率について考える際，単に自給率を上げればという視点のみを強調してしまうと話し合いに深まりが生まれません。そこで家庭へのインタビューや発問の工夫を通して，授業をステップアップすることを目指します。

(1)　ポイント①　家庭へのインタビューでリアルな声を聞く

　「日本産と外国産どちらの牛肉を買うのか」判断する話し合いを進める際，子どもたちが根拠をもって考えを述べられるかが大切です。そこで子どもたちに判断をさせることに加え，それぞれの家庭でどちらの牛肉を買うかアンケートを活用することで根拠をもてるようにしました。

(2)　ポイント②　外国産の立場を生かした発問

　日本産を進んで購入することは，日本の食を守っていく上でとても大切な視点です。しかし，外国産の牛肉を買うことが悪なのかと言われれば一概にそうとは言えません。日本の生産で足りない部分を補っていくには外国の協力も欠かせません。そこで，「日本産と外国産どちらの牛肉を買うのか」を話し合う際，「外国産の牛肉を買うことはよくないことなのかな？」と問うことで，外国産の牛肉を購入することのよさを引き出せるようにします。

まとめ

①５年生の視点でスーパー見学を行い，子どもの気付きから問いを生む。
②判断の分かれる問いから食料自給率の本質に迫る。

参考図書　岡﨑誠司（2013）『見方考え方を成長させる社会科授業の創造』風間書房

（澤田　康介）

身の回りは工業製品でいっぱい!!

 1 単元「工業生産は暮らしを豊かにより便利に」楽しい授業づくりのコツ

(1) 子どもをひきつける！私のオススメ教材

　自分たちの身の回りは工業製品で溢れていることを子どもたちに実感してもらうために，子どもが居ないときを見計らって教室にある工業製品に付箋紙を貼り付けておきます。宝探しゲームのようにすると，仲間と共に一生懸命探し出していきます。様々な種類の工業製品を見つけた後に，「日本ではどのような工業製品が多く生産されているのか」と子どもたちが問いをもつので，資料を確認していくと自動車部品や自動車が上位2つを占めていることがわかります。これだけ身の回りには工業製品があるのに，なぜ日本は自動車の部品や自動車をたくさん作っているのかという問いが子どもたちの中に生まれてくるので，自動車をつくる工業への単元へとスムーズに学習を進めていけるでしょう。

(2) 子どもが熱中する学習方法

　本単元は，一部の地域を除くと自動車工場を見学ができないことも含め，実際に目にする機会も少なく，量感など実感を伴いにくいこともあります。そこでGoogle Earthで実際の自動車工場を衛星写真で見せることや各自動車メーカーが行っているバーチャルでの工場見学で解消できる部分もあります。動画などで実際に作業している場面などをみることもできますので，ここはICTの良さを上手く活用して空間を跳び越えてみることも大切です。

2 「子どもとつくる」授業プラン

(1) 準備するもの・資料

- 教科書　・地図帳　・資料集　・国語辞典　・Google Earth
- 付箋紙　・ブリックコンテナ ONE　・NHK for School

(2) 指導計画（14時間取り扱い）

第1次 工業とはどのような産業なのか予想し，国語辞典などで定義を確認し，身の回りには工業製品がどれだけあるのか探す。見つけた付箋紙を分類分けしていきながら，これらの製品が人々の生活をより豊かで便利にするために生まれてきたものであることを捉え，単元の見通しをもつ。

第2次 自動車生産を例に，大量生産するための仕組みやそこで働く人々の工夫や努力などに着目して調べる。また地図帳やGoogle Earth などを利用して，地理的環境などからも，なぜこの場所に工場があるのか，工場の周りには何があるのかなどを捉え，輸送や貿易とつなげて理解する。

第3次 自動車の生産には消費者の多様なニーズや社会的課題が反映されていることを理解し，これからの自動車生産のあり方について学んだことを基に自分なりの考えをもつ。

第4次 工業生産に欠かせない貿易について，自動車工業で学んだことを生かし，日本の貿易や運輸の特色について捉える。また，貿易を通して日本と外国のつながりについても，時事的な話題とつなげ生活と関連付けて考えていく。

⑶ ピックアップ授業（10時間目）

　授業冒頭で円とドルの為替レートの写真を見せ，数字から子どもたちが予想を出していきました。「１ドルの値段」という発言を受けて，「今の日本は円安ドル高だ」や「ニュースや新聞で聞いたことあるけど，それは何なのかわからない」と半数以上が答えました。そこで１ドルが100円と150円の時の千ドルの価値を計算させると「こんなにも変わるの」と実感することができました。そこから自分たちの生活にどのような影響があるのか仲間と話し合わせると，商品の値上げされている現状を食料生産や自動車工業の学びと関連させて考えを展開していきました。子どもたちから多くの問いが生まれ，

日本の貿易について子どもたちの声で学習問題を設定することができました。

❸ 授業をワンステップ高めるためのポイント

　普段何気なく生活している中で，たくさんの工業製品に囲まれていることや貿易によってどのように変化しているのか，気付いたり意識したりしている子どもは少ないです。その見えていないものを教師はどのように子どもたちが視えるようにするか，教材を吟味していく必要があると考えます。例えば「同じハサミだけどこの二つは形が違う」と，子どもが自分のハサミと裁ちばさみを比べて発言しました。そこから刃先や指を入れる持ち手の形状などの違いにみんなが気付き，なぜこのような違いがあるのか考えました。商品の特徴や生産者の込められた想い，消費者のニーズなどについて，話し合いが生まれました。この視点は工業単元でも大切な視点になると考えます。

(1) ポイント① 資料と活動でメリハリをつけよう

　本単元は資料を活用する場面が多く見られます。しかし，ただ読み取るだけでは子どもたちの意欲が低下するのは目に見えています。そこで子どもが活動する場面などを入れることも重要です。例えば自動車を作る過程を学習する際は，原材料から完成品までの写真を掲示し，どの順番で作られているのかをグループで並べ替えさせると，自然になぜこの順番にしたのか理由を考えて仲間に伝えていきます。なぜこの順番に作られているのか見えてきたら本当にそうなのか，自動車工場の配置図で確認するとラインなどにも目が向き大量生産するための仕組みにも注目できると考えます。

(2) ポイント② 本物や模型に触れて思考をさせよう

　貿易や運輸などについて，コンテナの模型を用意して物流に革命をもたらした物と紹介します。なぜこれが革命を起こした物なのかを子どもたちに考えさせると，物を運ぶのに便利な理由を実際に操作しながら説明していきます。イメージがわかれば子どもはティッシュなど別のものでも代用し，「きれいに並べたり積み重ねたりできる」や「安全に運べる」と考えました。さらに，トラックで運ばれているのを見た経験などからも多くの輸送手段で使うことができると実感が増しました。本物に触れることで思考を広げると考えます。

> ### まとめ
> ①子どもの意欲を高める導入の工夫から学習問題の設定。
> ② ICT で時間や空間を跳び越え，実感を伴う調べ学習の工夫。
> ③工業生産や貿易と子どもの実生活のつながりが視える授業デザイン。

（西　　竜王）

5年 情報産業と私たちのくらし

つくろう！新聞・ニュース

1 単元「情報産業と私たちのくらし」楽しい授業づくりのコツ

(1) 子どもをひきつける！私のオススメ教材

　本単元では，情報を集め発信するまでの工夫や努力などに着目して，放送・新聞などの産業の様子を捉えて，情報産業が国民生活に果たす役割を考えることを目的としています。よく行われる実践には，教科書等で調べたり，動画を視聴したり，見学に行ったりするものが多く見られます。しかし，それでは，「工夫や努力」に着目できにくいと思います。まずは，導入で実際にニュース番組や新聞記事を作成します。1人1台のタブレットを使えば，取材や編集，そして発信が簡単にできます。実際に作成してみると，うまくいかないことの方が多く，「新聞社，テレビ局の人たちは，どんな工夫をしているのだろう。」と，学びが他人事から我が事になっていきます。

(2) 子どもが熱中する学習方法

　まずは，「伝える内容」と「伝える対象」を考えます。伝える内容は，学級の実態によります。学級の何気ない日常，行事について，場合によっては学級の問題（個人が特定されないもの），学級会の様子や結果も考えられます。国語科との連携もできます。ここでは，4人から6人の班で活動をします。新聞社，テレビ局は，役割を分担しチームで動いていることにも，工夫の1つとして実感させます。なんとかして伝えたいという状況をつくります。

2 「子どもとつくる」授業プラン

(1) 準備するもの・資料

- 教科書，社会科資料集，国語の教科書（情報をまとめる内容）
- ニュースの動画，もしくは新聞
- 児童用のタブレット（カメラ機能，プレゼンソフト，動画編集機能を使います。）
- ノート，メモ帳（取材の時や会議の時に使います。）
- 今までの行事や学級の様子が分かる写真や資料など

(2) 指導計画（10時間扱い　数時間は国語や総合で　見学は除く）

第1次 動画などでニュースを伝えている様子（新聞の場合は実際の新聞）を見て，自分たちならどのように作るかを考える。「伝える内容」と「伝える対象」を考え，チームを組み，ニュース（または新聞記事）を作成していく。

第2次 実際に作成して，困ったことを話し合う。出てきた疑問などを見学したり，インタビュー，質問メールをしたりして解決していく。教科書や資料集を使って，大切な内容をおさえる。

第3次 作成したものを修正し，実際に伝える。

⑶　ピックアップ授業（1時間目〜5時間目）

　今回は，ニュース番組を作成しました。話し合いの末，1つの班は，修学旅行について番組を作成することになりました。伝える対象は保護者で，参観日に伝えます。1グループ約6人です。この段階では，明確な役割分担はしませんでした。自分たちが作成する時に，困ったことを経験して，「新聞社がきちんと役割分担をしている」ことに気付かせたかったからです。最初は，口論が起き，なかなか進みませんでした，しかし，進むにつれて自然と役割が分担されていきました。「私は取材担当」「僕が撮影担当」「編集のレイアウトを考えるよ」という具合です。

　活動が進むにつれて，「これでは，ただの報告書だな」という意見が出てきました。ニュース番組には，視聴者を惹きつけるトピックスが必要だということに気が付きました。修学旅行のどのような話題がみんなが知りたいことなのかを話し合いました。結果は，「旅館での就寝後の話」になりました。旅館での写真を集める子。就寝後何をしていたかを取材する子。編集やレイアウトを考える子。アナウンス原稿を考える子。カメラマンもいました。途中，何度も困難がありました。「テレビ局の人に質問したいな」という声が自然に上がりました。

　ニュース番組の動画が完成しても，何度もチェックしている班もありました。私が最終チェックをするとは伝えていなかったのですが，「先生，最後に見てください」という班もいました。テレビ局では，チーフの役割です。その後，テレビ局に見学に行った時には，積極的に質問していました。

　最初はケンカも起きるし，本当にできるの？と思ったけれど，役割分担もできて，みんなが一生懸命に見てくれるニュース番組ができてよかったです。テレビ局の人は，毎日あのような苦労をされています。番組作成をしている人たちの信念を質問したいです。

3 授業をワンステップ高めるためのポイント

(1) ポイント① 実際に体験することで「他人事」を「我が事」に

　放送，新聞などの産業を扱う単元は，教えにくいとよく聞く単元です。教えにくいのであれば，「実際に体験させる」と考えてみました。農業の単元なら，米づくりを行うこともあります。自動車産業の単元なら，プラモデルやクラフトペーパーで疑似体験をしたこともありました。放送，新聞も実際に作成します。今は，１人１台端末があります。取材，編集，撮影，発信までが子どもたちでできます。自分たちだけの力で，実際に体験することで，放送，新聞などの産業が「我が事」になっていきます。

(2) ポイント② どのような仕事も人との繋がりに気付かせる

　実際に体験することで，番組や新聞を作成することが，いかに大変かに気が付きます。新聞社やテレビ局の人々は，どのように工夫をしているのか，気になって仕方がなくなります。見学やインタビューを通して，工夫のポイントは「人との繋がり」であることに気付かせます。社会科で教えるどの単元も，人との繋がりに気付かせることが大切です。

まとめ

①ニュース，新聞づくり体験を通して「他人事」を「我が事」にする。
②番組や記事などの作成にも，「人との繋がり」が欠かせない。

（松森　靖行）

11

5年 情報を生かす産業

選択権を子どもへ！情報活用を追究

1 単元「情報を生かす産業」楽しい授業づくりのコツ

(1) 子どもをひきつける！私のオススメ授業ネタ

この単元のゴールは,「情報の活用は,様々な産業を発展させ,国民生活を向上させている」という概念的知識を子どもが捉えることです。そのためにまず大切なことは,学習指導要領で例示されている「販売」「運輸」「観光」「医療」「福祉」などの産業の中から,どの事例から取り上げるとよいかを検討することです。例えば,子どもにとって「身近である事例」はどれか,という視点で検討した場合,「販売業」があげられます。スーパーやコンビニは,誰もが足を運んだことがあり,子どもにとって身近な存在だからです。事例選択単元で子どもの興味・関心を高めたい時,子どもの側から見た「身近さ」や「生活経験の有無」を踏まえた検討が欠かせません。

(2) 子どもが熱中する学習方法

販売業における情報活用として有名なのは,販売情報を管理する「POSシステム」です。この「POSシステム」を追究させるために,これまで培ってきた子どもの調査スキルを総動員して調査する場を設定します。教科書や資料集はもちろん,図書館で書籍を探したり,一人一台端末を使って調べたりする時間をできる限り長く確保してあげます。そうすることで,販売業が発展し,私たちの生活も向上していることを子ども自身で学びとることができます。同時に,社会科で育みたい「学び方」も育てることができます。

2 「子どもとつくる」授業プラン

(1) 準備するもの・資料

- 教科書，社会科資料集
- 図書館にある「○○業の ICT 活用事例集」などの書籍
- NHK for School の動画

(2) 指導計画（7時間取り扱い）

第1次 交通移動における情報通信技術（ICT）の普及に着目しながら，ICT 活用による生活や産業の変化についての単元の学習問題「情報通信技術を利用することで，くらしや産業はどのように変わってきているのだろうか」をつくる。

第2次 販売業における ICT による情報の収集・活用の仕方に着目して，商店が集める情報の種類や量，情報を集めるしくみやその良さについて追究する。

第3次 運輸業の問題点や情報活用の様子に着目して，ICT の整備や大量の情報の活用を進める取組を，教科書や資料集，書籍，動画コンテンツを基に追究する。

第4次 ICT 活用の進展に伴う生活や産業の変化を振り返りながら，単元の学習問題に対する結論を考える。

(3) ピックアップ授業（2時間目）

　第1次で設定した単元の学習問題を確認した後，本時では販売業の情報通信技術を学ぶことを伝えます。そして，「POS」というアルファベットだけを提示します。子どもたちは不思議そうな顔でつぶやき始めます。「ピー，オー，エスって何？」「Pはポイント？買い物するとポイントがたまるし…」「じゃあ，OとSって何？」，このような疑問が膨らみ始めたことを見取った後，「今日は販売業の情報通信技術，POSについて調べよう」と促しました。

　すると子どもは，タブレット端末でのキーワード検索や教科書，資料集，NHK for School の動画コンテンツなどを基に追究し始めました。「情報通信技術を利用することで，くらしや産業はどのように変わってきているのだろうか」という単元の問いがあるので，POSのメリット

をはじめ，販売業や私たちの生活への影響も捉えていくことができました。

3　授業をワンステップ高めるためのポイント

　「子どもの側に立つ社会科」を考えた時，教師主導の一斉的・画一的な授業展開を，子ども一人一人の思いや願いに弾力的に応えられるように工夫する必要があります。そのためには，これまで教師がコントロールしていた学習問題や学習方法，学習活動を，複数のメニューを用意したり，少しずつ子どもに委ねたりして，子どもの多様な学び方に対応できるようにすることが大切です。教師主導の単線型の学習展開から，子どもによる「選択・決定」を取り入れた学習へ。ここに授業をステップアップするポイントがあります。

(1)　ポイント①　子どもが「事例」を選び，決定する

　子どもが「選択・決定」する場を設定するために，単元の第3次に着目します。一般的には第3次の事例も，「販売」「運輸」「観光」「医療」「福祉」から教師が選択しますが，産業の事例そのものを，子どもが選択できるようにします。すると子どもは，「自分は○○業を調べたい！」という意欲をもち，主体的・自力的に問題解決に取り組むようになります。なお，第2次において共通の学習活動を経験しているため，第3次では，ある程度子どもに委ねても，子ども自身で追究していくことが可能となります。

(2)　ポイント②　子どもが「学習方法」を選び，決定する

　さらに，調べ方やまとめ方などの学習方法の決定権も子どもに預けます。「教科書を見る」「資料集を見る」「タブレットでインターネット検索をする」「図書室に行って本で調べる」「専門家に電話をする」といったアイデアや，「友達と協力して調べたい」「一人でとことん調べたい」といった学習形態の発想も出されるでしょう。今までの社会科授業を通して培った調査力を発揮しながら，「情報の活用は，様々な産業を発展させ，国民生活を向上させている」という事実を，違う事例から追究していきます。

> **まとめ**
>
> ①情報活用の具体や良さに迫りやすくする「身近な事例」を選択する。
> ②意欲を喚起するために産業の事例を子どもが選択できるようにする。

参考図書　北俊夫（1996）『「生きる力」を育てる社会科授業』明治図書

（椎井慎太郎）

12

災害大国日本でどう生き抜く⁉

(1) 子どもをひきつける！私のオススメ授業ネタ

　私たちが生きる日本は火山大国であり，地震・津波などを筆頭に自然災害の多い国の一つです。また，日本においては毎年のように台風が来るなど，大雨や暴風，高潮などその種類は多岐に渡ります。子どもたちにとっては，生活とかなり密接な関係があるので，興味関心をもちやすい単元の学習となります。その中にあって最も子どもたちの気持ちを引くのは，やはり臨場感のある動画資料でしょう。自然災害に関連する動画は YouTube や NHK の HP などでも多数紹介されています。これらの資料が豊富にある火山活動に関連する自然災害の事例であり，且つ既習事項である情報やメディアのあり方についても再考できる余地があるのが「雲仙普賢岳の噴火（火砕流）」です。

(2) 子どもが熱中する学習方法

　書籍やインターネットを活用して情報を集めたり，ウェブ会議システムを活用して現地の人とつないだりするなど，学びの必然性に寄り添った支援をするようにすると，自ら学びを深めていくことにつながります。また，取り扱う対象に関わる新聞記事は，その当時の情報を鮮明に伝える資料となり得ます。それに付け加えて，様々な立場から価値判断を迫る学びは，子どもたちの学ぶ意欲に火をつけると同時に，より多面的・多角的に対象を見つめようとする態度を養います。

2 「子どもとつくる」授業プラン

(1) 準備するもの・資料

- 写真資料・動画資料（YouTube で見つかる）・新聞記事
- Google Earth ・『雲仙普賢岳噴火回想録』

(2) 指導計画（10時間取り扱い）

第1次 日本でよく起こる「地形に関係する自然災害」や「気候に関係する自然災害」の全体像を捉え，子どもたち自身の生活と関連づけて防災・減災について考える。

第2次 雲仙普賢岳（長崎県島原市）噴火の事例をもとに，Google Earth で地形を観察しながら，自然災害が日常生活や産業に与える影響について考え，現地の人たちとの交流を踏まえて学びを深める。

第3次 消防団・消防署・警察署・メディア・地方公共団体・地域住民などの視点から，雲仙普賢岳の事例において「当時のマスコミの行動は正しかったのか」について考え，価値判断する。

第4次 これまでの学習や経験を踏まえて，自然災害から身を守る（防災・減災）ために，今の自分たちにできることを考え，レポートやプレゼンテーションにまとめ，交流する。

(3) ピックアップ授業 (7時間目)

　既習内容として「情報」の単元学習と関連づけて，本時では，「当時の報道関係者の行動は正しかったのか」という問いから自然災害と向き合っていくようにしました。1991年6月3日に発生した雲仙普賢岳の火砕流では，報道関係者や消防団員，一般人，タクシー運転手，火山研究者，警察官の計43名が犠牲となりました。報道関係者は避難勧告が出ていたのにもかかわらず，その区域に入り，取材を続けていました。迫力のある写真や動画は各社の評価にもつながり，各社が競うような状況もありました。その中で様々な人たちの運命が交差する自然災害だったからこそ，「報道関係者だけが悪い」と思考が偏らないよう，多面的・多角的に見て判断できるように配慮しました。

旧大野木場小学校被災校舎（南島原市）
火砕流の被害により，窓枠などは大きく変形しています。背後には雲仙普賢岳が迫り，当時の様子が臨場感をもって伝わってきます。自然災害について自然と考え始める教材です。

【子どもたちの思考・価値判断・疑問】

　「自然災害が起きたら，消防や警察も住民を助けられないことがあるから，自助が大事」「日頃から災害に備えておく必要がある」「自分のためだけでなく家族や近所の人たちのためにも，一緒に避難場所や非常持出袋のチェックをしたい」「利益のために報道の人たちは雲仙普賢岳で取材をしていた？みんなのため？」「自然災害のリアルな報道も大切だけれど，やはり命には替えられない」などの意見が出された。

3 授業をワンステップ高めるためのポイント

　単元を貫いて価値判断・意思決定し続ける構造（例えば，「自助・共助・公助のうちどれが一番大事か」「当時の報道関係者の行動は正しかったのか」など）をとると，学習過程で視点を増やしながら，多面的・多角的に対象を見つめることができるようになります。

(1)　ポイント① 多面性・多角性をもたせることでステップアップ

　自然災害には様々な種類があり，それぞれ引き起こされる要因も千差万別です。また，雲仙普賢岳の噴火に伴う災害に限ったとしても，地域住民の立場だけでなく，消防・消防団，警察，報道関係者など，様々な立場の人たちから見て，自然災害について考えていくことができます。

(2)　ポイント② 人と人とのつながりを通してステップアップ

　雲仙普賢岳の噴火を間近で経験している人はまだまだたくさん生きてらっしゃいます。30年を超える歳月が経っているとは言え，やはり体験したことを直接聴かせていただけるというのは，学びを深めることにつながります。また，がまだすドーム等の施設で当時の様子を体感することができます。地域の実情に合わせて，目的に合った施設等を見学するのもよいでしょう。

まとめ

①当時の報道関係者や警察・消防，地域住民等の立場から多面的・多角的に対象に迫る単元設計を子どもたちと共に考えながら学び続ける。
②人との出会いも踏まえて価値判断・意思決定をしながら対象に迫り，よりよい未来を想像・創造する学びをイメージする。

（安野　雄一）

君はどう関わるか？我ら森林保全隊

1 単元「わたしたちの生活と森林」楽しい授業づくりのコツ

(1) 子どもをひきつける！私のオススメ授業ネタ

　森林単元は，5年生社会科では数少ない，子どもが「社会への関わり方を選択・判断する」ように配慮することが求められる単元です。例えば，単元の前半に森林の大切な働きや林業従事者の工夫や努力を捉えさせた後，後半は森林や林業の課題に気付かせ，森林保全への関わり方を子どもが選択・判断するように単元展開を構想します。森林の果たす役割が分かることまででとどまるのではなく，森林や林業の課題解決に関心をもたせる学習を展開していくことで，単元の流れをステップアップさせるようにします。

(2) 子どもが熱中する学習方法

　唐突に「今，日本の森林が危ない。自分にできることを考えよう」と投げかけても，子どもは本気で解決策を考えることはできません。「このままだと，大切な日本の森林が危ない！」という切実感を子どもに抱かせることが大切です。そのためにまず，森林の働きを「森の贈り物」と言い換え，空気をきれいにする機能や土砂崩れを防ぐ働きなどがあることを捉えるようにします。続いて，森林や林業の課題（ピンチな状況）を提示します。すると子どもは「このままだと森の贈り物が届かなくなる。課題を解決するためにはどうすればよいか」という課題意識をもち始めます。目の前の子どもや地域の実態に合わせて，切実感を抱くような展開にすることがポイントです。

2 「子どもとつくる」授業プラン

(1) 準備するもの・資料

- 教科書，社会科資料集
- 講師の資料を印刷したもの（森の贈り物や林業の様子など）
- NHK for School の動画

(2) 指導計画（7時間取り扱い）

第1次 国土の森林資源の分布や森林と人々の生活との関わりに着目した後，学習問題をつくる。

第2次 「森の贈り物・林業の話」を聞き，森林の働きや林業従事者の工夫や努力，生活と森林との関わりを捉える（行政の方を講師として招き，資料を基に講話していただく）。

第3次 森林のピンチな状況を予想した後，「自分が住む都道府県の林業・森林整備の課題の話」を聞き，森林や林業の課題を捉える（行政の方を講師として招き，講話していただく）。

第4次 森林保全への関わり方を選択・判断するための課題を設定した後，解決に向けて実際に取り組んでいる事例を資料や動画，専門家の話を基にしながら調べたり，どんな取り組みから進めていくとよいかを考えたりする。

第5次 これまでの学習を基に，森林保全のために自分ができることを考え，記述する。

⑶ ピックアップ授業（5・6時間目）

　森林の保全に向けて，「森林のピンチな状況をなくすために，どうすればよいか」と解決策を考えている子どもに，先進地の取り組みを知る場を設定しました。つないだ先は，森林を基軸に町づくりを進めている北海道下川町（SDGs 未来都市）です。森から切る木をほぼすべて使い切る「ゼロエミッション」の取り組みや，「林業の機械化・スマート化」の取り組み，住民が木材を生活に使う取り組みなどを，Zoom を介して語っていただきました。

　続く検討の場面では，「森林のピンチな状況をなくすために，優先すべき取り組みを2つ考えよう」と投げかけ，解決策の検討を促しました。子どもはピラミッドチャート（ロイロノート）を見せ合いながら，お互いの考えを理解していきました。さらに「優先順位の1番は『私たちが木材を生活に使う』がよい。その方が，誰にでも身近にできるから」等と，考えを交わし合いながらよりよい解決策の検討を進めることができました。

　このような検討を経た後，次時において森林との関わり方を選択・判断する時間を設けました。その時の記述を一部紹介します。

　これから私は，物を買う時に森林に優しいものを買いたい。なぜならこれが，私たちが森林に対してできる最低限のことだから。（中略）森林に優しい物を買ったりすれば森林のピンチはなくせる。私は，その中の1人になりたい。

3　授業をワンステップ高めるためのポイント

　社会への関わり方を選択・判断させる時，「自分ができることは何か」と

問うても，子どもにはなかなか答えを見出せません。そのハードルを下げるために，下川町の良質な取り組みを具体例として示し，子どもの判断材料となる知識（解決策）を増やすように工夫をしました。このような手法は，次のような展開も含めて様々な工夫ができます。

(1) **ポイント①　複数の自治体の良質な解決策を提示する**

　森林を基軸に町づくりを進める自治体は下川町だけではありません。例えば，岡山県西粟倉村（環境モデル都市）は，「百年の森林構想」や「森林活用サイクル」などの取り組みを行い，森林保全を進めています。下川町と同様に，専門家と学校を Zoom でつないで単元内のインプット場面をより充実させることで，さらなるステップアップを目指します。

(2) **ポイント②　思考ツールで整理をして，課題解決のヒントにする**

　西粟倉村と下川町の「取り組み」と「考え方」をベン図で整理することで，獲得した知識を視覚的に捉えることができます。木に寄り添い，木とともに歩む自治体の良質な取り組みが，課題解決へのヒントになります。

まとめ

①森林保全への関わり方を選択・判断するように単元展開を工夫する。
②森林を大切にする自治体の取り組みを，解決策のヒントにさせる。

（椎井慎太郎）

5年 環境を守るわたしたち

みんなで守ろう！美しい鴨川

1 単元「環境を守るわたしたち」楽しい授業づくりのコツ

(1) 子どもをひきつける！私のオススメ授業ネタ

　本単元は，「自然災害を防ぐ」と「わ
たしたちの生活と森林」の学習をし，最
後に「環境を守るわたしたち」について
考える単元となります。そのため，これ
までの学習とつなげたり，生かしたりし
ながら学んでいくことが大切です。さら
に本単元が５年生最後の単元となるため，
これまでに培った見方・考え方を働かせ
ながら深く学び，より自分自身の成長の
実感へとつなげていきたいところです。

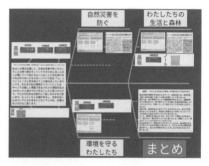

単元を通して使用したシート

(2) 子どもが熱中する学習形態

　子どもたちは「環境」と「自分たちの生活」について，これまでの単元で
の学びを通して注目してきたことがそれぞれの中にあります。本単元ではそ
うした一人ひとりの見方・考え方で捉えたことを共有し合いながら，広げた
り深めたりできる場づくりを目指します。そこで，学習過程を見取りながら
同じところ・違うところに注目している子同士で聴き合えるようにしました。

2 「子どもとつくる」授業プラン

(1) 準備するもの・資料

- 教科書　・ふりかえりシート（ロイロノート）
- 昔の鴨川と現在の鴨川の写真　・鴨川の水質の推移
- 京都府鴨川条例　・環境モデル都市認定証（京都市）

(2) 指導計画（8時間取り扱い）

第1次 「昔の鴨川と現在の鴨川の様子」と「鴨川の水質の推移」を比べて気付いたことを聴き合うことを通して，鴨川の変化を捉えたり，「誰が」「どのようにして」きれいな川にしたのか，しているのかを予想したりする。

第2次 教科書を使いながら昔の世の中の様子と鴨川が汚れた原因について調べ，きれいな鴨川を取り戻すために「誰が」「どのように」取り組んだのかを調べていく。その上で，現在きれいになった鴨川を守るために，どのような取り組みが行われているのかを調べる。

第3次 学習問題である「誰が，どのようにして鴨川をきれいな川にしているのだろう」についてのクラス全体で考えを聴き合うことを通して，学習問題についての考えをまとめる。そして，学習したことをもとに，「環境を守るわたしたち」について，自分たちにできることを考える。

第4次 「わたしたちの生活と環境」で学習した3つの単元での学びをふり返り，ロイロノートのふりかえりシートに書きまとめる。

⑶　ピックアップ授業（１時間目）

　子どもたちにとって教科書に出てくる「鴨川」は身近な川であったため，子どもたちの「鴨川」のイメージを聴き合うことからスタートしました。「めだかや鮎，どじょうなどたくさんの生き物がいるよ」「オオサンショウウオも鴨川にいるんだよ」と生き物について話していたり「ごみがあまり落ちていなくてとてもきれいな川だよ」と水質や周辺環境のきれいさについても話していたりしていました。そこで，昔の鴨川の写真を見せることで「ごみがたくさん落ちている」「水が流れにくそう」「今とは全然違う」といったことに気が付き

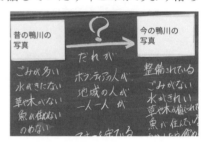

ました。昔と今の鴨川を比べはじめたところで「誰が，どのようにして今の鴨川のようなきれいな川にしたのだろう？」と問いかけ，一人ひとりの経験やこれまでの学びを根拠にした聴き合いが行われました。次の文章は１時間目を終えた段階での学習問題に対する自分の考えです。

　一人目の子は「専門の人」がいると予想していました。二人目の子は今の鴨川にも目を向けて考え，自分が行く時にもごみを持ち帰ってい

・学習前の考え
私は川に詳しい専門の人とか、川の工事している人、管理会社の人などが綺麗な川にしてくれている人だと思います。だから専門的な人がやっているんじゃないないかなと思います。そして鴨川を綺麗にするために、すごい長い年月がかかったと思います。でも、私たちもその中の一員の中に入っているのかなと思います。

・学習前の考え
僕は鴨川をきれいにしている人はその活動をしている団体の人だと思います。けれど今は鴨川に行く人もきれいな川を目指してごみを拾ったりごみを捨てないようにしているのだと思います。

るという経験から「鴨川に行く人も」という考えをもっていました。このように一人ひとりに自分の体験やこれまでの学びを根拠としながら予想させることで，これからの学びを自分事にしていきます。

一人ひとりが追究したことを聴き合う場において，もちろん調べた内容について話すことも大切ですが，そこからあらためて思ったことや感じたことを聴き合うことも大切にします。

(1) ポイント① 教師から問いかける

「どうして鴨川は汚れたのか？」について聴き合う過程で，「豊かなくらしや生活の発展を目指していて，その時に工場排水や生活排水による汚染があった」といったことを伝えていました。そこで「環境を守ろうとか良くしようという意識はなかったのかな？」と問いかけることで当時の人々の状況にさらに迫ることができるようにしました。

> ・学習後の考え
> 僕は誰がどのようにして鴨川をきれいな川にしているのだろうというので，昔はほとんどの人がやっていなくてほとんどの人が鴨川をきれいにするというのに関心がなく，他の国に勝ちたい追いつきたいという気持ちばっかりだったけれど今は鴨川を美しくする会という人たちやボランティア，法律によって鴨川が守られているということがわかりました。僕は今のままでもよいけれど今でも，ごみを捨てる人はいるけれど，これからはごみを捨てる人がいなくて，みんなが鴨川をきれいにするというのに関心を持てる世界がいいなと思いました。

(2) ポイント② つぶやきを拾い，全体へと広げる

当時の人々の状況を捉えた上で「じゃあどうして今，何のために鴨川をきれいにしているのだろう？」と今に目を向け始めた子のつぶやきを拾い，その問いを全体へと広げることで，「今の鴨川は人も動物も気持ちよく暮らせるようにしている」といった今の鴨川の新たな見方へとつなげていきました。

まとめ

①当時の人々の立場から問いかけ，視点を変えた追究を促す。

②これまでの鴨川を知った上で，今の鴨川について考える。

（小川　辰巳）

▶▶column2

社会科の資料を選び，子どもと学ぶ

　20代の頃，資料活用において，対照的な二つの授業を参観しました。一つ目の授業は，たたみかけるように資料が提示される6年生の古墳の授業でした。しかし，なぜでしょうか。資料が出れば出るほど，子どもの関心は離れていきました。もう一つは，5年生の水産業の授業。提示された資料は，ある水産物の漁獲量の変化を表すグラフのみでしたが，子どもの姿が明らかに違いました。前のめりに授業に参加していたのです。それもそのはず，資料の選定・加工・提示に至るすべての作業に教師の意図と工夫がありました。

　「社会科は資料が命。どんな資料を選び，加工し，どのように提示するのか。その教師の判断が，子どもの追究意欲や思考を大きく左右する」。授業を共に参観していた先輩教員の言葉が，今でも心に残っています。資料の多い少ないではなく，本時のねらいにつながる資料を吟味・検討・精選し，子どもたちとともに授業をつくることの大切さを学びました。

　時がたった今，資料を選ぶ際に意識していることがあります。

○教材研究で手に入れた資料をすべて提示しようと思わず，精選する。

○資料活用の目的を明確にする。問いをもたせるための資料，問題解決のヒントにさせるための資料，子どもの見方や考え方を揺さぶるための資料など，「何のための資料なのか」を意識して準備する。

　第4章では，比較を促す資料や子どもをひきつける資料など，多数の資料が紹介されています。「資料選択・資料活用」の視点で読み進めたり，読み直したりしていただくことで，授業づくりへの新たなヒントになれば幸いです。

（椎井慎太郎）

第4章

「ステップアップ」
社会科授業づくり　6年

6年の社会科を
ステップアップするためのコツ

　6年生の社会科をステップアップさせるために，意識したいことは，
自分だったら◯◯するな，自分なら◯◯していくな
と子どもたちが自分の生き方につなげていくことです。そのために，
・自分たちの今の生活と比較する
・自分の意見を仲間や資料と合わせて考える
・問いに対してみんなでその解決をめざしていく
ことを意識していきましょう。
　とくに，
資料をとおして自分の生き方につなげていくことができるか
はポイントです。
　歴史の資料は子どもたちになじみのないものあります。そうした資料
に対して子どもたちが想像力をふくらませ，語り合い，自分の生き方に
つなげていく。
　そんなイメージで授業づくりに取り組んでみましょう。

みんなも今日から古代人 !!

1 単元「縄文のむらから古墳のくにへ」楽しい授業づくりのコツ

(1) 子どもをひきつける！私のオススメ授業ネタ

　子どもたちが待ちに待った歴史学習のスタートとなる単元です。縄文時代や弥生時代の暮らしの様子を資料などから読み取り，現在の自分たちの生活とどのような違いや共通点があるのかを探していきます。また，時代が変わる際に様々な変化がみられます。ここでは時代は違うけれど，自分たちが感じたことや考えたことと同じようなことを当時の人たちも同じだったのかと思いを巡らすことができれば，これからの歴史学習で出てくる人たちも，同じように自分たちで考えられると思えるようになると考えます。当時の様子からそこで生きた人々の思いを考え，なぜそのようなことをしていったのか歴史を見る視点をこの単元で養っていきます。

(2) 子どもが熱中する学習方法

　教科書の中にある想像図から人々の様子を見つけていくので，一人の子が見つけたことが伝播していき，「他にもこんなのもあったよ」と，どの子も参加しやすく協働的な学習をつくりやすいです。読み取ったことを自然に比較し，どのような変化があったのか資料をもとに説明することもできます。そして，「これって本当なの？」「なぜこんなにも昔のことがわかるの」という疑問から，当時の時代の出土品など，資料に目が向くようにし，これからの歴史の学習でも資料をもとに語ることができるようにします。

2 「子どもとつくる」授業プラン

(1) 準備するもの・資料

・教科書，資料集，掲示資料（デジタル）

(2) 指導計画（7時間取り扱い）

第1次 教科書の想像図からどのような暮らしをしていたのか，見つけたものに丸をつけ縄文時代や弥生時代の生活の様子について捉え，気付いたことや疑問に思ったことを話し合い，学習問題を設定する。

第2次 米づくりの広がりによって，むらがどのように変化していったのか米づくりの想像図から人々の様子を読み取り，縄文時代との違いを明確にする。そして，米づくりをめぐってむらとむらの間で争いがあったことを当時の人々になりきって考える。そして，むらから小さなくにへと発展していくことを捉えていく。

第3次 古墳が何のために，どのようにして，なぜ作られていったのか古墳の広がりや出土品から考える。そしてより大きな力を持つ大和朝廷が九州から関東まで支配を広げていたことを理解する。また，大陸からの文化や技術などがそれらを支えていたことなどを捉える。

⑶　ピックアップ授業（5時間目）

　米づくりが広がり，人々の暮らしや社会が変化していく様子について捉えていきます。そして，生活集団の規模が大きくなるにつれて身分の差や争いなどが起こり，むらからくにへと変化していくことに気付かせることが大切です。そこで，当時の人々になりきって考えることができるように，ロールプレイを通してその状況下でどのような行動を取るのかを考えさせます。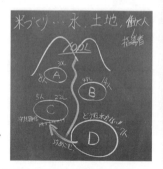まず，米づくりに必要な条件を挙げさせ，A〜Dまでの4つの土地の場所を区切ります。そして，子どもたちの中から4人のリーダーを選び，残りの子どもたちはどのリーダーについていきたいか選ばせ，人数の少ないグループからむらにする場所（A〜D）を決めていきます。その後，上流から流れる水の量を100Lとして，上流のむらからどれだけの水を使うのかを選ばせていくと，最終的に下流のむらでは水が少ない，得られない状況が生まれます。そこからそのむらのリーダーやむらの人々に，この後どのように行動するか話し合わせて選択させていきます。すると，自然に水や土地を巡る争いが起き，争いに勝ったむらが負けたむらを吸収する流れを作ると身分の差などの発言も出てくるようになります。

　そして，自分たちの考えたことの根拠を出土品や環濠集落の遺跡などの資料から探すようにすることで，今後の学習でも根拠をもって考えることが意識できるようにします。

3　授業をワンステップ高めるためのポイント

　歴史をつくってきたのは同じ人間であるということから，その状況下でどのような行動をおこしたのか予想させ，自分で考えるということが大切になってきます。仲間と共にその当時の状況で自分たちならどうするか話し合い，

それを資料などから検証していきます。「当時の人々も自分たちも考えることが同じだ」「ちょっと違う」など，歴史を考えることは面白いと感じてもらえば，今後も自分たちと比べながら考える視点が身に付きます。

(1)　**ポイント①　資料をたっぷりと見せて楽しませよう**

　その当時の人々との暮らしの想像図など子どもたちにとって楽しく学べる教材がいっぱいです。資料から細かい暮らしの様子など友達と一緒になって探させることでたくさんの気付きが生まれます。

　例えば，一人でじっくりと見せる場合もペアで行う場合も，視点を決めて「何個見つけられるかな？」と競争させても，子どもたちは盛り上がりますし，より細かいところまで見ようとしていきます。また，一人は縄文時代の暮らしの想像図を，もう一人は弥生時代の想像図を開いて，二人で一緒に暮らしの変化を比較させるなど，資料の見せ方を工夫することでこれからの歴史の学習での資料の見方も変わってきます。

(2)　**ポイント②　子どもの気付きや声が生きる授業づくりを**

　資料から見つけた子どもの気付きや声から，なぜこのような暮らしをしていたのか，どうしてこのようなことをしていたのかを考えさせます。また，暮らしが変化したことは良かったのか，自分たちならどうだろうなど，さらに一歩踏み込んで考え，仲間と共に考えられるようにしています。

> **まとめ**
>
> ①その当時の人々になりきって，気持ちや行動を考える。
> ②資料に没頭して見る習慣づくりと見る視点を身に付ける。

（西　　竜王）

キャッチコピーで古代の人物を探る

1 単元「キャッチコピーをつくろう」楽しい授業づくりのコツ

(1) 子どもをひきつける！私のオススメ教材

本単元には多くの為政者が登場し，当時の社会的な背景を基にした政策や文化の醸成が示されています。そうした様々な出来事を時系列で学んでいくことも大切ですが，「この人が行ったことにはどんな意味や価値があるのだろう」という子どもの問いを基に単元を構成していくことが大切だと考えます。そして，教科書や資料集に示されていることから仮説を立て，その仮説の吟味を行っていくことで，受け身ではない歴史学習になると考えます。

(2) 子どもが熱中する学習方法

本単元では，飛鳥時代から平安時代に教科書に登場する歴史上の人物について調べていきます。「〇ページを開きましょう」という教師の促しから授業が始まるのではなく，子どもの「今日は，聖武天皇について調べたい」という思いを大切にした授業デザインが必要だと考えます。さらに，そうした個別の追究を互いの追究に生かすことができるような単元を貫く課題の設定や場づくりも必要です。そこで，本単元では，歴史上の人物の功績を一言で表すキャッチコピーをつくるという活動を単元を通して行うこととしました。キャッチコピーはその根拠と共に毎時間ロイロノートで共有し，特に気になる人物について吟味する時間も設定しました。この時間の中で互いの見方・考え方を表出させ，その後の学びに生かすことができるようにします。

2 「子どもとつくる」授業プラン

(1) 準備するもの・資料

- 教科書，資料集
- 歴史関係の書籍（「歴史人物エピソードからつくる社会科授業」等）
- 飛鳥時代から平安時代の歴史上の人物の絵カード

(2) 指導計画（7時間取り扱い）

第1次 これから学習する飛鳥時代から平安時代の部分の教科書を読み，どのような歴史上の人物がいたか出し合う。その後，それぞれの人物の印象を出し合う中で，「功績を基にキャッチコピーをつくる」という活動を設定し，単元の見通しをもつ。

第2次 毎時間，授業の導入でキャッチコピーを発表し，その理由について質問し合う中で，キャッチコピーを考える際の視点を獲得していく。その後，その視点を生かしながら，歴史上の人物について調べ，その人物が行ったこと意味や価値について自分なりの考えをもつ。

第3次 飛鳥時代から平安時代の歴史上の人物の功績を表す最もふさわしいキャッチコピーを話し合い，歴史学習における学び方を振り返る。

(3) ピックアップ授業（5時間目）

　授業の導入において，平安時代に国風文化が醸成した点に着目して，「平和な世の中をつくった人」という藤原道長のキャッチコピーを考えた子どもに注目が集まりました。「平安時代

> **藤原道長**
>
> 理由
> 道長は今も遊ばれている遊びを作った人で、実は、その時代も少しだけ貴族争いがあり、それを納めて、みんなと平和に暮らそうとしたのかもしれないと思った。なぜかというと、貴族の中で、流行ったと書いていて、貴族内で流行るようなものを作り、みんなで楽しく一緒に短歌を聴いたり読んだりしたら、自然と争ってた人たちも仲良く一緒に呼んで、平和になるという道長の狙いがあったかもしれないと思ったから。理由はそんな偉い人が理由もなくそんなことをやろうとしたら、否定されて、やめると思うし、偉い人が理由もなく遊んでいたら、周りの人に怒られてクビになると思うから。

は，飛鳥時代や奈良時代に比べて貴族の争いごとが少ないし，貴族の一日の様子を見てみると昼からは仕事をしていない。だから，国風文化が広がった。文化は平和じゃないとできない。平和な世の中をつくったことはすごいことだ」という理由です。この子どもは，「なぜ国風文化が平安時代にできたのか」という問いを粘り強く追究していました。そこで，「文化ってたくさんの人に広まってこその文化だよね。文化が広がるための条件って何かな」と問いかけたことで，争いごとや貴族の暮らし方に目を向けることができました。その後，「確かに，クラスでいじめにあっていたりしたら遊んでも楽しくないもんね」と自分たちの暮らしと関連付ける子どもも出てきました。この時間以降，その当時の人々の暮らしに着目してキャッチコピーをつくろうとする子どもが増えていきました。

3　授業をワンステップ高めるためのポイント

　歴史好きな子どもだけのための歴史学習にしないためにも，歴史上の人物に対する問いの解決と教科書等の資料に対する気付きを大切にした授業デザインとしました。聖徳太子の「隋と対等な関係を築いた人」というキャッチコピーを考える際には，「遣隋使の1回目と2回目には7年もあいてるのに，その後はすぐ行っている」という気付きがきっかけとなりました。この気付きを問いとした別の子どもが「7年の間に冠位十二階と十七条憲法がつくら

れているのには意味があるはずだ」という気付きを得ました。このように，問いや気付きを全体で共有し，教師が「この問いって，○○くんのに似ていないかな」と交流を促すことで，全員が授業に参加することができると思います。

(1) ポイント① 歴史上の人物との出会い直しを演出する

教科書を時系列に学んでいくと，なかなか振り返って「もう一度聖徳太子を考えてみたい」とはなりません。しかし，本単元のように，自分で追究する人物を選び，毎時間何人かのキャッチコピーを吟味するという学び方を行うと，単元の中で何度も歴史上の人物と出会い直すことができます。このような経験は，今後の歴史学習においても多面的・多角的な学びを促すことにつながると考えます。

(2) ポイント② 比べる視点をステップアップ

国風文化の醸成は今後の歴史学習の中の文化を見る基準となるものだと考えます。本単元の場合，文化の担い手は貴族です。また，前述のように，「平和だからこそ文化が広がる」という見方も獲得できます。いわゆるそうしたメガネで文化を見ていくことができれば，室町時代の学習でも，「担い手は誰だろう」「この時代は争いごとは少なかったのかな」といった問いをもつことができると考えます。

> **まとめ**
>
> ①子どもたちの気付きを広げて，歴史上の人物について繰り返し追究できる環境をつくる。
> ②子どもたちの追究を基に，文化などの歴史を見るメガネをつくる。

（村上　春樹）

武士とは明かさず想像図から考える

1 単元「武士の世の中へ」楽しい授業づくりのコツ

(1) 子どもをひきつける！私のオススメ教材

　歴史好きな子どもたちにとって，武士が登場するこの単元はテンションが上がる単元です。「待っていました！」と言わんばかりに，平清盛，源頼朝，源義経などの伝説や「源平の戦い」，「元寇」について細かいエピソードを語ってくれる子も少なくありません。

　しかし，歴史好きの子が活躍すればするほど，武士について知識がない子どもたちは授業に参加しづらくなってしまいます。学級全員が，同じ目線で武士について学ぶことが，これから続く武士の時代の学習で一番大切なことです。そのためには，教科書を教材として活用することをオススメします。

(2) 子どもが熱中する学習方法

　東京書籍・教育出版・日本文教出版の３社の教科書ともに，本単元の最初のページに，武士の館・やかた・やしきの想像図が載っています。どの教科書の想像図も非常によく考えられています。武士がどんな暮らしをしていたのかビジュアル的に分かりやすく描かれています。また，平安貴族との違いを調べたくなるような工夫もちりばめられています。この想像図を導入で使うことで，知識がない子でも，学びをスタートすることができます。この想像図をみながら，武士の暮らしについて予想や疑問をあげることで，武士への興味が湧き，学びの入り口を大きく開くことができます。

2 「子どもとつくる」授業プラン

(1) 準備するもの・資料

・教科書　・資料集　・地図帳　・タブレット端末

(2) 指導計画（4時間取り扱い）

第1次 想像図を見ながら，武士の暮らしを予想したり，疑問に思ったことを共有したりすることで，武士に興味を持ち，平安貴族との違いや共通点に気付く。

第2次 平清盛，平治の乱，源平の戦いについて調べ，武士がどのように力をつけていったのかを考える。

第3次 源頼朝が鎌倉に幕府を開いたことや，幕府と御家人の関係性などについて資料を通して捉えながら，鎌倉幕府の政治の仕組みについて，理解する。

第4次 元との戦いが，幕府と御家人にどのような影響を及ぼしたのか「蒙古襲来絵詞」などを通して考え，鎌倉幕府が元との戦い後も衰退しないためにはどのような政策があったか，自らの経験を基に考え，表現する。

　武士という言葉を聞いたことのない子どもはいないでしょう。しかし，「武士とは？」と問われて，正確に答えられる子もほとんどいないと思います。この単元から江戸の終わりまで武士中心の世の中となります。ここでは，初めて登場する武士について興味を持ち，多くの疑問を抱くことが大切です。単元の最初ですから，分からない，知りたい，調べてみたいと思えるような授業にすることが重要です。

3　授業をワンステップ高めるためのポイント

　この単元で教科書の想像図を提示すると，子どもたちはすぐに平安貴族の屋敷と比較します。平安貴族の豪華な暮らしぶりに比べると，この図に描かれている人々が質素であることは，すぐに子どもたちは読み取ることができます。しかし，貴族は豪華，武士は質素という二項対立で終わらせてはもったいないです。想像図とじっくり向き合えるような工夫をすることで，より多くの内容を読み取り，新たな疑問や課題を見いだすことができます。

⑴　ポイント①　武士とは明かさず武士を考える

　私は，導入で教科書を開かせるのでなく，まず想像図のみを掲示します。教師用デジタル教科書を投影したり，児童用デジタル教科書を使ったりするとよいでしょう。

　私は，「この館のなかの人たちは，どんな人たちだろう。」という疑問からスタートしました。今まで歴史にあまり興味を持っていなかった子どものなかには，武士と言えば，織田信長や伊達政宗のような豪華な鎧を身につけ，天守閣を持つ城を構える戦国大名たちをイメージする子も少なくありません。ですので，想像図に描かれている人物を武士とは認識しないことのほうが自然です。そういう子どもたちからは，「えらい農民ではないか。」「貧しい貴

族なのではないか。」「地方の役人ではないのか。」などと武士以外の予想が出てきます。

　教科書を開けば，本単元のテーマが武士であることが見出しから分かるので，描かれている人物が武士であることがすぐに分かります。しかし，武士と明かさずに想像図をみることで，平安時代に台頭してきた初期の武士について興味を持たせることができます。

(2)　ポイント②　自然と教科書を開きたくなる

　想像図をもとに話し合っていると，必ず誰かが「この絵，教科書に載ってる！」と声をあげます。教科書を開いた子たちから，「あー，武士だ！」と声が聞こえてきます。武士にたどり着いた子どもたちは自分の武士のイメージと違うことに驚きつつも，武士の暮らしに興味を持つようになります。

　資料を想像図１つに焦点化することで，子どもたちは教科書の本文を二次資料として読み込んでいきます。「地方の役人ではないのか。」と予想した子は，教科書の「各地域に派遣された役人が武装化した」という記述を見つけ，自らの予想が間違っていなかったことを発見します。平安時代の既習事項から予想したことで正解にたどり着いた体験は歴史を学ぶことの楽しさにつながります。

まとめ

①子どもたちの武士のイメージとのギャップを利用する。
②焦点化したみせ方で教科書で調べたくなる仕掛けをつくる。

（秋山　貴俊）

04

体験しよう！室町文化

1 単元「今に伝わる室町文化と人々のくらし」楽しい授業づくりのコツ

(1) 子どもをひきつける！私のオススメ教材

　歴史学習の中でも，文化に関しての学習は，建造物や作品，代表的な人物などの暗記になってしまいがちです。また，どのように授業をするかに悩み，結局，穴埋め式のワークシートで学習する……という話も聞きます。

　そこで，本単元は，当時の時代背景を踏まえた上で，室町文化が現代に引き継がれる魅力に注目できるようにします。そのために，指導計画の中に体験活動を設定します。実際に体験することで，子どもたちは「面白い」「美しい」といった文化の独自性やよさを感じられるのです。体験する文化としては，子どもたちも親しみやすい水墨画，生け花，茶の湯をおすすめします。

(2) 子どもが熱中する学習方法

　体験するだけでなく，ゲストティーチャーに来ていただくと，子どもたちの意欲はさらに高まります。また，多くの子どもが「どうしてこの方は○○をしてみようと思ったのか。」と疑問を抱きます。その疑問に対するゲストティーチャーの話は，その文化のよさや現代にも引き継がれる理由なのです。

　ゲストティーチャーを招くことはハードルが高いように感じるかもしれませんが，水墨画や生け花，茶の湯などに親しまれている地域の方は，多くいらっしゃいます。もしくは，伝統ある文化ばかりなので，協会があります。各協会に問い合わせていただくと，出前授業をしていただくこともできます。

2 「子どもとつくる」授業プラン

(1) 準備するもの・資料

・教科書　・資料集　・タブレット端末
・習字道具　・筆洗用バケツ

(2) 指導計画（6時間取り扱い）

第1次　金閣と銀閣の建造物の特徴などから，足利義満と義政が将軍だったころの様子について調べることで，室町幕府の盛衰について考える。

第2次　水墨画の体験を通して，その独自性やよさを味わうとともに，ゲストティーチャーの話から多くの人々に親しまれていることを理解する。

第3次　能，茶の湯，生け花，盆踊りなど室町時代に生まれた文化の中から調べる文化を個人やグループで選択し，代表的な人物，当時の作品や人々の様子，文化のよさといった観点で調べまとめる。

第4次　第3次でお互いが調べたこと，感じたことを聴き合う。

(3) ピックアップ授業（2～3時間目）

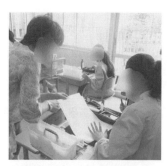

　現在でも水墨画に親しまれている方々をゲストティーチャーとして招き，実際に水墨画を描く体験できる時間を設定します。子どもたちは描き方を知るとともに，「え？こんなに薄くなるの？」「絵具とは違う。」「良い感じに描けた。」というように，水墨画の独自性や親しまれる魅力を感じていきます。この活動の中で，国宝である雪舟の作品を紹介するようにします。すると，自分たちの作品と比較するので，「どう描いたんだろう？」と，子どもたちの水墨画への関心は一層高まります。それは，ただ作品を提示するときとは比べ物になりません。

　体験活動があることで，子どもたちは他の文化を調べる際に，「どのような文化なのか」だけではなく，「この文化が現代でも引き継がれる魅力は何なのか」といった視点でも調べるようになります。

3　授業をワンステップ高めるためのポイント

　当時の社会の様子と文化がバラバラのものではなく，互いに関連づいたものであると，子どもたちが理解することも重要です。そのためには，3代目将軍の足利義満のころは室町幕府の最盛期であるとともに公家文化の要素が強いこと，8代目将軍の足利義政のころは応仁の乱を経て室町幕府の力が弱まってきているとともに武家文化の要素が強まっていることに気付かせます。また，体験した文化以外に，現代に繋がるさまざまな文化が室町時代に誕生したことをおさえます。それらの文化にも，体験した文化と同様に，独自の魅力があることを捉えられるようにします。

(1) **ポイント①　公家文化に武家文化が加わる時代**

　歴史学習の中で，唯一，文化にスポットが当てられている室町時代ですが，当時の社会の様子を疎かにしてはいけません。第１次で，室町幕府の盛衰，乱世に繋がっていくこと，金閣と銀閣の比較から文化に変化が見られることをおさえておきます。すると，子どもたちは，それまでの貴族中心の優美な公家文化に武家社会の影響を受けた質素な文化が加わっていくことを踏まえて，室町文化の学習に取り組むことができます。

(2) **ポイント②　子ども自身でそれぞれの文化のよさを考える**

　第３次以降は，自分が選択した室町文化について調べ，まとめていきます。その際，子どもたちに「それぞれの文化には，どのようなよさがあるか」も観点とするように伝えます。体験活動を通して，水墨画の魅力を感じた子どもたちは，ほかの文化の魅力も考えて調べていきます。

> **まとめ**
>
> ①武家社会の中で誕生した文化であることをおさえる。
> ②体験を通して，子どもが室町文化のよさを考えられるようにする。

参考図書　佐野陽平（2023）『小学校社会「見える化」授業術』明治図書

（佐野　陽平）

信長と秀吉のパラメーターは？

1 単元「戦国の世の統一」楽しい授業づくりのコツ

(1) 子どもをひきつける！私のオススメ教材

　本単元は，織田信長と豊臣秀吉を比較せずに，「秀吉は，刀狩りをしました。」というように，それぞれの人物の事業をまとめるだけの学習になってしまうことがあります。そこで，本単元の学習のまとめとして，右のようなカルタを作る場を設定します。歴史上の人物に関するパラメーターや象徴する言葉などで表したカルタ作りを通して，人物の功績と当時の社会への影響について思考できます。

(2) 子どもが熱中する学習方法

　第３次の調べる学習では，一斉授業ではなく，教科書や資料集，関連する書籍，タブレット端末，子どもが持参した資料を子ども自らが選択して，織田信長と豊臣秀吉の事業について調べていきます。また，調べている間は，お互いの情報交換を自由にできる場ともすることで，パラメーターの数値について友達と交流することができます。しかし，やみくもに情報を集めるような学習にならないように，第２次で，子どもとカルタのパラメーター部分となる項目（強さ，賢さ，外国との関係）を設定します。この項目が調べる観点となりますので，授業のねらいから逸脱することがなくなります。

2 「子どもとつくる」授業プラン

(1) 準備するもの・資料

・教科書，資料集，地図帳
・織田信長と豊臣秀吉に関する書籍
・武士カルタ用の厚紙

(2) 指導計画（6時間取り扱い）

第1次 戦国の世が統一される前後の様子について調べ，学級における「戦国の世の統一とは，どのようなものか。」の定義づけを行う。

第2次 織田信長と豊臣秀吉の事業を中心に，戦国の世の時代に関する問いを出し合い，整理する活動を通して，武士カルタのパラメーターの項目を定める。

第3次 信長と秀吉の事業を中心に調べ，信長と秀吉の事業と戦国の世の関係について考え，2人のパラメーターをまとめる。お互いが作成したパラメーターをもとに友達と考えを交流する。

第4次 信長と秀吉の事業と戦国の世の関係について，「武士カルタ」を作成する。

⑶ ピックアップ授業（5時間目）

　第3次で，これまで各自が調べてまとめてきたカルタのパラメーターについて，お互いの考えを全体交流します。例えば，「信長の強さは4にする。領土を広げていったけれども，家来の明智光秀に倒されるから5にはしない。」「私は5かな。なぜなら〜」というように社会的事象を根拠に自分の考えを表現していくのです。さらに，子どもは「信長の強さが5なら，秀吉は〜」というように，信長と秀吉の働きを比較することもできます。このような議論の後，人物を象徴する言葉を各自で考え，数名が発表しました。

3　授業をワンステップ高めるためのポイント

　カルタのパラメーターの数値を決めるには，「キリスト教を禁止（事業）したことによって，貿易は難しくなった（社会に与えた影響）から，秀吉の外国との関係は1にしよう。」というように，2人の事業とその事業が社会に与えた影響を考える必要があります。また，2人のパラメーターを同時に考えていくことで，子どもたちは，自然と2人の事業とその影響を比較しながら考えることができます。つまり，信長と秀吉を比較した上で，それぞれの事業が当時の社会にどのような影響を与えたのかを学んでいくのです。

(1) ポイント① パラメーターの数値化によって

　友達とのパラメーターの数値のズレから，「どうして信長の賢さが低いの？」というように，子どもたちは，お互いの考えを交流します。あるいは，「信長が3なら，秀吉の賢さは？」といった言葉かけをすることで，信長と秀吉の比較を促したり，「この資料から考えると？」と資料を提示して困り感のある子どもを支援したりすることができます。このように，数値のズレから，子どもたちは何度も自分の考えを問い直し続けます。

(2) ポイント② 遊びを通して

　単元終了後も，カルタ遊びを通して，知識としての習得を図ります。

> 教　師：「この人の強さは5です。」
> 子ども：（源義経？）
> 教　師：「この人は貿易が好きです。」
> 子ども：（じゃあ，秀吉ではないかな？）
> 教　師：「戦術に鉄砲を取り入れました。」
> 子ども：「ハイ！」（織田信長！）

　読み札は，子どもの人数分あるので，子どもはカルタに書かれていることを覚えるのではなく，読み上げられたことから学習を想起していきます。

まとめ

①パラメーターの数値化によって，信長と秀吉の比較を促す。

②カルタ遊びを通して，知識としての定着を図る。

参考図書　佐野陽平『教師の"知恵"ぶくろ　2023年1月号』（2023年1月17日配信）

（佐野　陽平）

江戸時代が長く続いた最大の理由

1 単元「武士による政治の安定」楽しい授業づくりのコツ

(1) 子どもをひきつける！私のオススメ教材

　一般的には「江戸幕府は，どのような仕組みなのだろう」という問いで学習を進めることが多い単元です。しかし，この問いでは，教科書をなぞることになってしまい，子どもたちの関心はあまり高まりません。本教材は，「江戸時代が長く続いた理由は？」という問いを設定します。江戸幕府のそれぞれの仕組みや政策が，なぜ幕府の立場をより強固としたのかを自分なりに順位付けしながら考えられるようにします。自分ならではの根拠を考える活動，お互いの考えのズレなどから意欲的に学習できます。

(2) 子どもが熱中する学習方法

　調べる学習では，一斉授業ではなく，教科書や資料集，関連書籍，タブレット端末，子ども自身で持ってきた資料を子ども自らが選択して，江戸幕府の仕組みや政策について調べていきます。また，調べている間は，お互いの情報交換を自由にできる場ともすることで，順位をどうするかを友達と交流したり，授業者に自分の考えを伝えたりすることができます。個々で調べる前には，大名行列の資料から江戸時代の様子をつかんだ上で，江戸時代が長く続いた理由を予想します。何でもありに陥らないように，仕組みや政策の資料を提示することで，子どもたちが江戸幕府の仕組みや政策の中で影響が強かったものを考えられるようにします。

2 「子どもとつくる」授業プラン

(1) 準備するもの・資料

- 教科書，資料集，関連図書，タブレット端末

(2) 指導計画（10時間取り扱い）

第1次 大名行列の様子を調べ，江戸幕府の支配力について理解する。さらに，江戸時代が約260年も続いた理由を，参勤交代，大名の配置，武家諸法度，身分制，キリスト教の禁止，長崎の出島とオランダに関する資料を根拠に予想する。

第2次 各自で資料やツールを選択して江戸幕府の仕組みや政策について調べたり，友達とお互いの考えを交流したりしながら，それぞれの仕組みや政策と江戸幕府の政治の安定との関連について考える。

第3次 第2次で調べたことを根拠に，江戸時代が長く続いた理由について，お互いの考えを全体交流する。

⑶ ピックアップ授業（1時間目）

　第1次で，江戸幕府の力が強大だったこと，他の時代の幕府と比べて長く政治の実権を握っていたことを子どもが理解できるようにします。具体的には，大名行列の様子を服装，道具，人々の様子を観点に調べます。武士が農民より立場が強そうであること，大名行列はお金がかかることなど，江戸幕府の支配に関する気付きが出てきます。そこで，年表を使って他の時代と江戸時代の長さを比較します。さらに，現在から260年遡ると，江戸時代であるという事実も，長さを実感させるには効果的です。子どもたちは「江戸時代は，どうして長いの？」「武士が逆らえないようにしていたから？」と，問いをもったり予想したりし始めます。子どもたちの関心が高まったところで，資料を提示します。資料の詳細についての説明はしません。表題に触れ，「こんなことをしていたみたいだよ。」と伝える程度です。子どもは，自ずと「身分制はきついな。」などと，資料を読み取り始めますので，「江戸時代が長く続いたのは，何がよかったのか？」と問い，授業を終えます。

3 授業をワンステップ高めるためのポイント

　第2次では，個人で資料を選択したり，友達と交流したりしながら調べていきます。子どもたちが調べている間，教師の個に応じた働きかけが重要です。第3次では，それぞれの仕組みや政策と政治の安定との関連について，子どもが自分の解釈だけで終わらないように，全体交流する場を設定します。

(1) ポイント① 個々で調べる時間における教師の働きかけ

第2次のように，自分でツールや資料を選択したり，自分のペースで調べたりする場合，子どもたちの主体性は高まります。しかし，教師が子どもに何も働きかけをせずに見守るのは放任と同じで，子どもに力がつきません。そこで，教師は子どもの様子を表情や手の動き，ふりかえりなどから，子どもの学びを把握していく必要があります。調べている間も，「親藩，譜代，外様って，どう違うの？」と，資料からきちんと情報を読み取り，知識を獲得しているかを確認します。「どうしてその順位にしたの？」と問いかければ，仕組みや政策と政治の安定との関連を子どもが自分の言葉で表現できるかも確認できます。「Aさんは，違う順位をつけていたよ。理由を聞いておいで。」と言葉をかければ，子どもの見方・考え方を広げることができます。

(2) ポイント② 教師も子どもと順位づけを考える

第3次では，問いに対するそれぞれの考えを表現していきます。その際，教師は，子どもと向き合って授業を展開していくというよりも，「先生はこう思うな。」「なるほどね。たしかにBさんの考えもいいね。」というように，子どもと問いの解決に向かって，共に考えるという立場をとります。このような立場をとることで，子どもたちは教師の正解を探るのではなく，問いに対する個々の多様な考えが引き出されます。

> **まとめ**
> ①江戸幕府の仕組みや政策に関する理解度を考えて個々に働きかける。
> ②教師も江戸幕府の仕組みや政策の良さを子どもと共に考える。

参考図書　佐野陽平（2023）『気づき・問い・対話を引き出す小学校社会「見える化」授業術』明治図書

（佐野　陽平）

江戸時代はレンタル王国！

1 単元「町人の文化と新しい学問」楽しい授業づくりのコツ

⑴ 子どもをひきつける！私のオススメ教材

　本単元では，江戸時代の町人文化が，今，自分たちが生活している文化と共通している部分が多くあることを知り，江戸時代の人々の知恵や工夫を理解し，「日本」を誇りに思える子どもの姿を目指します。今，自分たちが普段から使っている物の中には，江戸時代の人々の工夫から始まったものが多くあることに気付かせます。自分たちが便利に快適に過ごせているのは，江戸時代の人々の努力があったからという発見で，より日本を愛する子どもたちを育てるステップアップ授業を目指します。

⑵ 子どもが熱中する学習方法

　よくされているのは，ゴッホの西洋画と浮世絵を比較して，浮世絵のすばらしさに気付かせる授業です。しかし，それでは，課題が子どもたちのものになりません。その原因は，浮世絵やゴッホの西洋画が，子どもたちの生活からかけ離れているからです。クラスの課題のある子の参加を目指すために，「自分たちの生活」と「江戸時代の生活」を比べることを導入とします。自分たちの生活から始めると，どの子もスタートラインは同じなので，考えやすくなります。1つの歴史的事象から，「もしかしたら，まだ江戸時代からのものがあるかも。」と興味をもって，さらに追究していく姿が見える授業を目指します。

2 「子どもとつくる」授業プラン

(1) 準備するもの・資料

・教科書，社会科資料集
・江戸時代の町の賑わいの様子の風刺画（江戸両国橋夕涼大花火之図など）（ネットで調べれば出てきます。授業でのみ使用します。）
・お寿司屋さん，レンタル屋さん，カフェ，レストラン，消防署，タクシー，アイドルの写真，本屋，アパートなどの今現在の画像
・江戸時代のお寿司屋さん，損料屋（レンタル屋），茶屋，うどん屋，火消し（め組），籠屋，役者絵，江戸時代の書物（平家物語が人気）長屋などの画像（ネットで調べれば出てきます。）

(2) 指導計画（8時間扱い）

| 第1次 | 江戸の町の様子の風刺画を提示し，今も残っているものや店があることを話し合いにより発見する。それらは江戸時代に誕生したものがほとんどであることを理解する。 |

| 第2次 | 教科書や副読本をもとに，江戸時代の人々がどのような思いで町人文化をつくっていたのかを話し合う。 |

| 第3次 | 文化だけでなく，学問はどうだったのか考える。文化だけでなく学問も世界と比べてもトップレベルであることを理解する。 |

(3) ピックアップ授業（2時間目）

　今と負けないくらい賑わっている江戸の町。風刺画を見ながら話し合わせると，「今と同じものがある。」と発言をする子が出てきます。そこで，子どもたちがよく行ったりする場所や，使ったりしている物を提示し，「この中に，江戸時代からあるものはどれかな。」と発問をしました。

　子どもたちは興味をもちながら話し合いました。提示したもの全てが江戸時代からあると伝えると，どよめきが起こりました。「レンタル屋さんも江戸時代からあったなんてすごい！」と数人がつぶやきました。

　そこで，「江戸時代のレンタル屋さんは損料屋と言います。」「損料屋の人気№1の商品はなんだったでしょう。」と発問をしました。再び，考え込んだり，話し合いに没頭したりする子どもたち。正解は，「ふんどし」でした。「ええっ！下着なのに⁉」と驚きの声。江戸時代は，ほとんど下着はつけておらず，大切な儀式の時などにのみ，下着をつけるので，買う必要性がなかったことを伝えました。子どもたちは，江戸時代の生活や文化に大変興味をもったようでした。以下，その授業の振り返りです。

　今の自分たちの生活は，江戸時代の人たちが，色々工夫してくれたから存在しているんじゃないかな。どんな工夫や苦労があって，江戸の文化ができたのか，調べて，話し合いたいです。

　江戸時代の人々の生活は，今とあまり変わらない部分もたくさんあったのではないかと思いました。生活のための発明だけでなくて，学問も，みんなで力を合わせて新しいものをつくったと知りました。どれだけ日本がすごくなるのか，早くみんなで話し合いをしたいです。

---

3 授業をワンステップ高めるためのポイント

(1) ポイント① 「他人事」を「我が事」にする手立て

　特に歴史学習は，「他人事」を「我が事」にするのが難しい学習です。江戸時代の事象を身近に感じさせるために，今の様子と江戸時代の様子の比較を授業にしました。不便だと思っていた江戸時代の生活が一転し，「すごい！今と同じくらい楽しそう。便利だな。」「どんな工夫があったのだろう。」と意識の転換ができました。

(2) ポイント② 江戸時代の人々の思いを考える手立て

　教科書や資料集を使って，史実を調べることも大切です。そして，それらをもとに，当時の人々の思いや苦労，工夫を想像しながら話し合わせることが大切です。どの時代の人々も「思い」が溢れていることを理解します。

> **まとめ**
>
> ①今の生活と比較をして「他人事」を「我が事」にする。
> ②事象をおさえるだけでなく，暮らしを工夫してきたの思いを考える。

参考文献　帝国書院（2014）『図説日本史通覧』など

（松森　靖行）

明治時代の熱きサムライたちの話

1 単元「明治の国づくりを進めた人々」楽しい授業づくりのコツ

(1) 子どもをひきつける！私のオススメ教材

本単元では，黒船来航から明治中・後期の日本の発展を学習します。西郷隆盛，大久保利通，木戸孝允，伊藤博文らの努力により日本が近代化したことを中心に学びます。その中で，伊藤博文が重要な役割を果たした大日本帝国憲法の発布も学習します。大日本帝国憲法は，日本国憲法よりも民主的でない憲法であると授業で扱われることが多くあります。一方で，当時の日本の状況や世界的な背景を関連付けると，大日本帝国憲法は当時の世界では高評価を得ていた側面もあります。そこで大日本帝国憲法を様々な側面から見ていきます。

(2) 子どもが熱中する学習方法

この単元でよく見られるのは，大日本帝国憲法の内容を読み，江戸時代のきまりからどのように変わったのかを考えさせたり，話し合ったりする授業です。調べ学習をしても，その人物の概要しか分かりません。まずは，当時の日本の様子や世界の様子をきちんと理解することを大切にします。歴史学習は「流れ」を掴むと理解しやすくなります。そこで当時の時代背景を考えていきます。また，伊藤博文がどのような思いで，憲法作成に尽力したのか，少し深くその人物について授業で取り上げます。

2 「子どもとつくる」授業プラン

(1) 準備するもの・資料

・教科書，社会科資料集
・大日本帝国憲法の全文か概要　　・日本国憲法の全文か概要（大日本帝国憲法との比較に使います。）
・伊藤博文に関する歴史学習まんが，伝記など
・世界地図　　・大日本帝国憲法発布を祝う当時の絵

(2) 指導計画（11時間扱い）

第1次 西郷隆盛と勝海舟が，新しい「日本」を作るために時に敵対しながらも協力し，西洋に負けない国をつくることを目指したことを理解する。

第2次 「自分が明治時代の維新志士だったらどうするのか」と我が事として考え，話し合う。（文明開化，富国強兵など）

第3次 大日本帝国憲法発布までに奔走した伊藤博文について，エピソードを交えて，学習する。

第4次 不平等条約改正，日清戦争と下関条約，日露戦争，明治の国づくりの完成（説明は省略）について学習する。

(3) ピックアップ授業（8時間目）

　既に学習している日本国憲法の内容を思い出させる発問をしました。そして，教科書や社会科資料集などを使って，大日本帝国憲法の内容を読み取り，2つの憲法を比べました。「国民中心ではなさそう」「今と違って自由がなさそう」という意見が出てきました。そこで，大日本帝国憲法発布でお祝いをしている当時の絵を提示しました。「なぜ，日本国民がこんなにも喜んでいるのでしょうか」と問いました。子どもたちは，2つの憲法を食い入るように見比べました。「ある程度の自由が江戸時代より保障されている」「制限はあるけれど参政権がある」「国民の義務がはっきりとある」と多くの発見をしました。そして，伊藤博文について伝えます。軽く資料集などで調べると，「憲法制定に尽力した」とだけ書いています。そこで，伊藤博文の伝記や学習漫画をもとに，「日本国内だけの意見を聞いたのか」「7年という短い時間で国の憲法をほぼ1人でつくった時の気持ちは？」「反対する者はいなかったのか」など，伊藤博文が新しい日本を世界と対等に渡り合えるようにしたいという信念をもっていたことを学びます。以下，その授業の振り返りです。

　日本国憲法と比べると自由が制限されているけれど，江戸時代に比べるとより自由で世界に近づいた憲法でした。伊藤さんが日本を強くするために努力や工夫を重ねていることに驚きました。

　国民を思う気持ちは，今も昔も変わらないなあと思いました。天皇中心の国づくりは聖徳太子の時代から変わっていないことにも驚きました。その時代を生きた人たちの努力で日本がよくなっていくなあと思いました。

3 授業をワンステップ高めるためのポイント

(1) ポイント① 「そもそも」を生かした授業をする手立て

　大日本帝国憲法と日本国憲法との比較に加え，当時の社会状況を考えることで，固定観念を揺さぶっていくことをめざしました。そうすることで，様々な事例に対して自ら考え，学習に没頭する子どもたちの姿を見ることができます。

(2) ポイント② 人物学習でその人の思いを考える手立て

　教師自身が，歴史上の人物自身をよく知ることで，授業に深みが増します。学習漫画などが有効です。歴史人物を詳しく知ると，当時の日本や世界の様子，そして，「日本への思い」が理解できます。特に，江戸時代末期から明治維新期は，日本に対する熱い思いのある歴史人物がたくさん出てきます。その人物たちの「日本への思い」「世界に並び，超そうという思い」を考え，話し合うことがポイントです。その思いに気づかせる発問を工夫することが大切だと思いました。

まとめ

①歴史上の固定観念を「そもそも，どうなのか」と疑うことから。
②歴史上の人物を教師が詳しく知り，日本への思いを考えることから。

参考図書　齋藤武夫（2015）『授業づくりJAPANの日本が好きになる！歴史全授業』授業づくりJAPANさいたま

（松森　靖行）

デジタルアーカイブス×明治時代

1 単元「世界に歩み出した日本」楽しい授業づくりのコツ

(1) 子どもをひきつける！オススメ授業ネタ

　子どもたちをひきつけるものと言えば，もちろん本物です。歴史単元でも本物があれば一番いいのですが，なかなか本物を用意することは難しいです。レプリカであっても，用意できるものには限界があります。そこでオススメしたいのが，デジタルアーカイブスです。デジタルアーカイブスとは，図書館や博物館・公文書館などの貴重な資料をデジタルで保存してあるものです。インターネットを活用すれば，これらの貴重な資料を学校にいても閲覧することができます。それもほとんどが高画質でみることができます。

　この単元では，ノルマントン号事件の翌年（1887年）に出版された「ノルマントン號沈没事情」を導入でみていきます。

(2) 子どもが熱中する学習方法

　1人1台端末が配備され，タブレットを授業中に使う機会が増えてきました。社会科でも，インターネットを活用した調べ学習や新聞づくりなどの協同学習で活用されることが多くあります。もちろん，それらの使い方もよいのですが，タブレットの有効な活用法として，1つの資料を拡大したり，ページを送ったりしながら，じっくりみるという方法もあります。拡大することで細部の事実に気付くこともでき，資料をみる力を養うことができます。

2 「子どもとつくる」授業プラン

(1) 準備するもの・資料

・教科書　・資料集　・地図帳　・タブレット端末

(2) 指導計画（9時間取り扱い）

第1次　「ノルマントン號沈没事情」の挿絵などからノルマントン号事件の悲惨さに気付き，江戸幕府が結んだ不平等な条約について改正を求める声が強まったことを理解し，条約改正がどのように実現していったのか，外国との関係がどう変化していったのか，考える。

第2次　自由民権運動や西南戦争について調べることを通して，当時の人々の政治への願いを理解する。

第3次　大日本帝国憲法の発布と国会の開設について調べることを通して，明治政府が目指した政治について関心を持ち，現在の政治との共通点や違いについて考える。

第4次　日清・日露戦争やその後の朝鮮併合や条約改正について調べ，日本と外国の関係性の変化について考える。

第5次　産業の発展や世界で活躍した日本人について調べ，日本が国際的な地位を向上させたことを理解すると同時に，産業の発展などによる公害などの弊害についても現在と比較しながら考える。

第6次　生活や権利の拡大を求める運動について調べ，政治のしくみや外国との関係性だけでなく人々の価値観も変化したことに気付く。

(3) ピックアップ授業（1時間目）

　上の写真は，「ノルマントン號沈没事情」の挿絵です。このような資料は，JAPAN SEARCH（https://jpsearch.go.jp/）という日本のデジタルアーカイブを検索・閲覧・活用できるプラットフォームを使うことで簡単に探すことができます。JAPAN SEARCH のカテゴリーのなかには，「教育・商用利用検索」があります。ここで検索することで授業に活用できる資料を簡単に検索できます。教育利用が可能な資料のなかには，クレジットを表示するなどの条件を満たせば二次利用や改変も可能なものもあり，授業の幅も広がります。

　この授業では，子どもたちが自分のタブレットで JAPAN SEARCH にアクセスし，ノルマントン号と検索し，「ノルマントン號沈没事情」をみつけます。みつける過程でも，さまざまな当時の資料に触れることができます。

3 授業をワンステップ高めるためのポイント

(1) ポイント① 明治時代の本物の資料と向き合う

　デジタルアーカイブの最大の魅力は，個人個人でデジタルの全文資料と向き合うことができる点です。全文を閲覧することができるので，拡大しながら挿絵を見る子や，本文に興味を持ち，気付きを得る子もいます。本物だからこそ魅力があります。

(2) ポイント② 資料と向き合う時間をしっかりとる

　本単元は，条約改正・自由民権運動・大日本帝国憲法・日清・日露戦争など扱う内容が非常に多く，構成に悩む単元の1つです。このような単元こそ，導入でしっかりと子どもたちが単元の学習に対して向き合うことが大切です。当時の資料を活用することで，子どもたちが当時の人々にとってノルマントン号事件が大事件であったことを理解し，不平等条約改正がいかに重要であったのか，思いを馳せることができます。

まとめ

①明治時代の資料そのものに触れる。
②当時の人々の条約改正にかける思いを感じる。

参考図書
蘆田束雄　編，伊藤岩治郎『ノルマントン號沈没事情』（神戸大学附属図書館所蔵）
「神戸大学附属図書館デジタルアーカイブ貴重書・特殊コレクション」収録
(https://jpsearch.go.jp/item/ukobe_s-R100000144_I000018460_00)

（秋山　貴俊）

人とつながり，平和な未来へ！

1 単元「長く続いた戦争と人々のくらし」楽しい授業づくりのコツ

(1) 子どもをひきつける！私のオススメ教材

　歴史的分野の学びにおいて，子どもたち自身が実際に現地に足を運び，対象と接するということが難しいことがほとんどです。そういった中で，教員が現地に赴き，撮影した写真や動画といった資料，教員の思いの詰まった資料には，自然と子どもたちは反応し，「感じるもの」が大きいようです。

　また，実際に被爆者の方と会えなくても，オンラインでリアルタイムのやり取りをする機会を設定することも，よい教材となります。やはり，人と人とのつながりは，学びをより豊かなものにします。

(2) 子どもが熱中する学習方法

　教員は指導者としての役割に付け加えて，「支援者」としての立場へと徐々にシフトチェンジしていき，子どもたちの「自走する学び」を支えるようにします。書籍やインターネットを活用して情報を集めたり，ウェブ会議システムを活用して被爆者と繋いだりするなど，学びの必然性に寄り添った支援をするようにすると，自ら学びを深めていくことにつながります。

　また，広島や長崎といった戦争の爪痕が残る都市へ実際に足を運び，被爆遺構などを見学したり，現地の人とつながりをもったりすることも，学びを深いものにし，子どもたち一人ひとりの情感をより豊かにします。地域にある平和関連施設を訪れるなど，実情に合った計画を立てるようにします。

2 「子どもとつくる」授業プラン

(1) 準備するもの・資料

- BB弾（当該年度に世界に存在する核弾頭の数分）・一斗缶
- 紙芝居「ふりそでの少女」・書籍「ナガサキの郵便配達」
- プロパガンダ資料など

(2) 指導計画（12時間取り扱い）

第1次 「15年戦争」のきっかけや経過を，書籍やICTを活用して調べて資料を集めたものを使い，児童から出された「なぜ加害も被害もある戦争をしたのか」という問いについて考え判断する。

第2次 戦時下の政治・経済や国民生活を含む，日本国内の様子の変化について書籍やICTを活用して調べたり，平和関連施設への校外学習を実施したりして，当時の人々の生活や思いに迫る。

第3次 被爆者の人とのつながりを通して，戦中や被爆後の状況や思いなどについてお話を聴き，主に「戦争の意味」や「浦上天主堂の解体・再建に長崎の人々は納得したのか」に迫る。

第4次 これまでの学習や経験を踏まえて，主に「核は世の中を豊かにするのか」について価値判断し，今（これから）の自分たちにできることを意思決定し，考えたことを実践する。

⑶ ピックアップ授業（1時間目）

　戦争を知らない子どもたちが，その実相のごく一部にふれ，学びに向かう第一歩の，重要な授業です。子どもによっては，太平洋戦争などに触れた経験がほぼ無い子もいます。そのことも踏まえて，ここでは現在の広島と長崎に残る被爆遺構に関連する写真資料を使い，子どもたちの反応を探ります。

左：原爆ドーム（広島）
右：浦上天主堂（長崎）

「両方とも投下された原爆で大きな被害を受けました。どちらも被爆遺構です。」

　写真資料を読み取るなり，子どもたちからは「被爆した浦上天主堂は？」「建て替えるのに長崎の人たちは納得できたの？」「核は絶対に使わない方がいい。でも…」「原爆が落とされるまでの戦争は？その後は？」「被爆者の人に聴いてみたい」「なぜ人を傷つける戦争は起こるの？」と，多くの“生きた問い”が生まれてきました。これらをもとに，子どもたちと共に単元計画（指導計画）を立て，柔軟に計画を修正しながら学び続けるようにしました。

3 授業をワンステップ高めるためのポイント

　単元を貫いて価値判断・意思決定し続ける構造（例えば，「長崎の人々は浦上天主堂の解体・再建に納得していたのか」「核は世界を豊かにするのか」など）をとると，学習過程で視点を増やしながら，多面的・多角的に対象を見つめることができるようになります。また，文学的・音楽的・美術的な視点からも，被爆前後の長崎の様子に迫っていくことで，子どもたちに深く沁み込み，学びに豊かさをもたらします。

【文学作品から迫るナガサキ〜国語的な視点から〜】
①松添博（1992）『ふりそでの少女』汐文社
②ピーター・タウンゼント原作・中里重恭翻訳（2018）『ナガサキの郵便配達』スーパーエディション
※上記は「長崎」をテーマに戦中戦後の様子が描かれており、平和の大切さを感じます。

(1) ポイント① 多面性・多角性をもたせることでステップアップ

　戦時下の状況から学びを深めていくにあたって，日本の置かれた状況からのみで戦争を語ることはできません。アメリカやドイツなど，戦争に関わった国々の立場や様子も含め，多角的に対象に迫っていくことで，子どもたちが描くこれから先のよりよい未来像も，その形を変えていくと考えます。

(2) ポイント② 人と人とのつながりを通してステップアップ

　戦後78年を超えてきており，実際に戦時下の生活を経験された方や被爆者の方と出会うことは難しくなってきています。そんな中で被爆2・3世の方や語り継ぎに関わる人との出会いも含め，学習を進めていきます。「人と人とのつながり」は学びをより深く，豊かなものにします。それぞれの思いや願いにふれ，平和な世界の構築に向けて「今を生きる私たちに何ができるのか」を模索していきたいものです。

まとめ

①人との出会いを通して多面的・多角的に対象に迫る単元設計を子どもたちとともに考え，柔軟に単元計画を修正しながら学び続ける。
②「長崎の人々は浦上天主堂の解体・再建に納得したのか」など，価値判断・意思決定をしながら対象に迫り，よりよい未来を想像・創造する学びをイメージする。

（安野　雄一）

戦後復興を未来に生かす

1 単元「日本発展の理由を探る！」楽しい授業づくりのコツ

(1) 子どもをひきつける！私のオススメ教材

　本単元では，戦後わずか19年で東京オリンピックを開催するに至った背景や，高度経済成長期の様子，それから，日本の今について学びます。6年生の歴史学習はこの単元までです。そのため，この単元では，歴史から学ぶことを大切にした単元にする必要があると考えます。そこで，これまでの歴史学習に立ち返りながら，戦後から東京オリンピック開催までの19年間にどのようなことが行われたのかを予想する時間をたっぷりとりました。その上で，教科書に掲載されている今の日本が解決すべき問題を参考にしながら，問題を1つ選択し，自分にできることを考えるような単元構成にしました。

(2) 子どもが熱中する学習方法

　歴史を学ぶ意味を感じることができるようにするためには，歴史で学んだことを活用する場面が必要だと考えます。そこで，本単元では，単元の導入で戦後すぐの日本の様子を教科書等の資料を基に表出させました。その上で，戦後わずか19年で東京オリンピック開催，戦後23年でGDPが世界2位になったという事実を示し，「なぜそんなに早く発展することができたのか」という問いをもつことができるようにしました。さらに，歴史学習最後の単元であることや歴史で学んだことを生かすチャンスであることを伝え，歴史の中から発展の理由を推測するという単元を話し合いながらつくりました。

2 「子どもとつくる」授業プラン

(1) 準備するもの・資料

- 教科書，資料集
- 「年表で見る20世紀の歴史」（https://amanaimages.com）
- 「熊本市の昭和」（猪飼隆明・樹林舎）

(2) 指導計画（8時間取り扱い）

第1次 戦後すぐの日本の生活の様子や世界の中の日本の立ち位置などについて教科書等の資料を根拠に話し合う。その上で，東京オリンピックの開催やGDPの成長等の理由について問いをもち，これまでの歴史の中での学びを根拠に考えていくという学習の見通しを立てる。

第2次 オリンピックが開催される条件について話し合い，その条件を満たすために日本が行ったことを歴史学習での学びを基に考える。その後，教科書や資料集等で自分の予想があっていたかを確認することで，戦後の発展の理由について理解する。

第3次 教科書に示されている日本が解決すべき問題を参考にしながら，自分が考えたい問題を一つ選択し，自分にできることを考える。

⑶ ピックアップ授業（３時間目）

　学習支援アプリで考えている課題について共有することで，子どもたちはそれを参考にしながら話し合うグループをつくっていました。その中で，「外国から信頼を得るために何をしたのか」を考えているグループがありました。そのグループに「外国との関係をよくしようとしたことってあった？単元のまとめの振り返りを歴史の順番にみていったら？」と問いかけたことで，以下のような気付きをえていました。

> 　飛鳥時代には隋に野蛮な国と言われたので，聖徳太子が冠位十二階と十七条憲法をつくりました。そして，明治時代には，不平等条約を改正するために大日本帝国憲法をつくり，国会を開設しました。このように，日本は外国と対等な関係を築くために憲法や政治の仕組みを新しくしてきました。だから，外国から信頼を得るために，新しい憲法をつくって政治の仕組みも変えたと思います。

　この後，戦後の日本の課題と歴史の中の課題を関連付けることが解決策になっていることを価値づけることで，全員が意識的に使えるようにしました。
　５時間目に「日本が発展した理由」を確認するために教科書を読んでいると，前述したグループの子どもが「平和主義っていうのは，世界に対するアピールでもあるんだ」と発言しました。これは，日本国憲法を外国とのつながりの中で解釈したためだと考えます。

3　授業をワンステップ高めるためのポイント

　戦後の日本のめざましい発展は子どもたちに大きな驚きを与えます。だからこそ，その驚きをもとに深い学びへの誘いが大切だと考えます。本単元における深い学びに必要な条件は，戦後の日本の様子への理解と学習指導要領

に示されている「歴史学習全体を振り返る」ことであると考えます。それらの条件を満たし，推理ゲームが好きな子どもたちが楽しんで学ぶことができるような単元デザインを心がけることで，「日本が発展した理由を歴史から探る」という単元を考えました。

(1) ポイント① よりずれを生む戦後の日本理解

　子どもたちの追究意欲を高めるには，既有の知識や素朴概念とのずれを生む資料等を提示する必要があります。そのずれをより大きくするために，本単元では，戦後の日本の様子を捉えさせる時間をとりました。そこで，より当時の様子が分かるように，『熊本市の昭和』という本も紹介しました。すると「生活が大変そう」「勉強がちゃんとできない」「世界から信用されていない」などの戦中戦後の課題が明確になりました。その上で，オリンピックが開催された事実を提示したことで，ずれが大きくなったと考えます。

(2) ポイント② 国際理解の単元への接続

　日本が解決すべき課題の学習では，同じ課題について考えている子どもたちをグルーピングし，対話しながら自分にできることを考えることができるようにしました。それぞれの意見を板書にまとめると，「相手の国のことを知ることが大切」という共通点があることが分かりました。この気付きを基に次の単元への接続を図ることで，子どもたちの学ぶ文脈をつくりました。

> ### まとめ
> ①戦後の日本の様子を想像することで，子どもの素朴概念とのずれを大きくし，追究意欲を高める。
> ②課題解決のヒントを歴史の中から探す単元デザインで，深い学びに。

参考図書　猪狩隆明・武田文男（2017）『熊本市の昭和』樹林舎

（村上　春樹）

憲法って⁉地域を通して考える

1 単元「わたしたちのくらしと日本国憲法」楽しい授業づくりのコツ

(1) 子どもをひきつける！私のオススメ授業ネタ

　子どもたちに「日本国憲法という言葉を聞いたことある人？」と問うと，クラスの9割が手を挙げます。しかし，「日本国憲法ってなに？」と問うと，答えられる子どもはそうはいません。憲法に関わることがらは，馴染みが薄いため，興味・関心が弱くなりがちです。また，抽象的な内容も多く，理解が難しくなってしまいます。そこで，身近な事例を取り上げることで，日本国憲法と生活を関連付けられるようにします。日常生活と関わりのある具体的な事例をできるだけ扱うことで，もの・ひと・ことがどのように動き，関わり合っているかを明らかにしてステップアップを目指します。

(2) 子どもが熱中する学習方法

　抽象的なことがらばかりを調べさせたり，教師が説明したりしても深い学びとは程遠いものになってしまいます。そこで，本単元では，日本国憲法の三大原則を中心に学習を進めていきますが，身近な生活と意識的に関連付けることで，自分たちの生活にも憲法が関わっていることを実感させていきます。例えば，飲食店で盲導犬を連れて入店できることはまさに基本的人権の尊重と関連している事例といえます。こうした事例を切り口に学校や市内でのバリアフリー化を調査することで，基本的人権の考え方が身の回りの生活につながっていると気付くことができます。

2 「子どもとつくる」授業プラン

(1) 準備するもの・資料

- 楾大樹他『けんぽう絵本　おりとライオン』(2018，かもがわ出版)
- 飲食店Aさんのインタビュー資料
- 市役所Bさんのインタビュー資料

(2) 指導計画 (10時間取り扱い)

第1次 日本国憲法は「国民が守らなけれ
ばいけない最高の法である。○か
×か？」と問い，選択した上で，

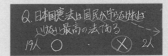

『けんぽう絵本　おりとライオン』の読み聞かせを聞く。日本
国憲法が国民を縛るものではなく，国民を守るためのものであ
ることに気付く。

第2次 盲導犬を連れて入店できる飲食店を事例として取り上げ，「基
本的人権の尊重」とのつながりを見いだす。

第3次 飲食店の事例をもとに，「国民主権」や「平和主義」が自分た
ちの生活とどのようにつながっているのかを調べる。市役所に
勤めるBさんの話を通して，みんなが過ごしやすい社会にする
ための課題を知り，次時の学びへつなげる。

第4次 「基本的人権の尊重」の取組としてバリアフリー化が進められ
ているにも拘らず，未だスロープなどが設置されていない場所
に着目する。市役所の方の話をもとに，今後の対応を考える。

⑶　ピックアップ授業（２時間目）

　授業の導入場面で，盲導犬に関するCM（AC JAPAN　日本盲導犬協会CM「きみと一緒だから」）を視聴した上で，以下のようなやりとりを通して本時の問い「盲導犬を連れて店に入れないことの何が問題か」へつなげました。

> T：（飲食店のお客さんの様子がわかる写真を提示）犬を連れている人なんて誰もいないよ？
> C：それはたまたまじゃない？
> T：だって先生も犬を飼っているけど，お店には連れて入らないよ？
> C：先生は困ってないから連れていっていないだけじゃない？
> C：先生は目が不自由ではないからじゃないかな？
> T：犬を連れてよい人とよくない人がいるってことかな？

　展開場面では，教科書や資料集をもとにしながら，キーワードを共有した上で本時の問いの解決に向けて話し合いました。また，進んで盲導犬を受け入れている飲食店のＡさんの思いを紹介したことで，「障がいがあるなし関係なく過ごしやすくするために盲導犬を受け入れているんだ」など，誰もが過ごすしやすい社会をつくるためにバリアフリー化を進めていることを語る姿が見られました。

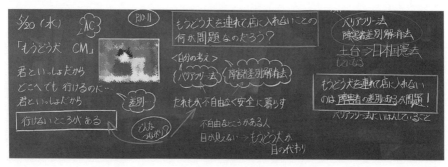

3 授業をワンステップ高めるためのポイント

　日本国憲法が身近な生活の中でどのように生きているのかを見いだすことができるように，子どもたちが住む地域の人との出会いの場を設定しました。そうすることで日常の中の憲法に目を向けることができるようにします。

(1) ポイント①　インタビュー資料を通して教室と社会をつなぐ

　本時では飲食店で盲導犬を受け入れるＡさんのインタビューを通してバリアフリー化を進める思いに触れられるようにしました。また，お客さんからの心無い言葉も時には耳にするＡさんの悩みにも触れることで子どもが葛藤する場面を位置付け，よりよい社会の実現に向けた話し合いへつなげました。

(2) ポイント②　本時の学びを「平和主義」や「国民主権」へつなげる

　授業の終盤に「『基本的人権の尊重』では，みんなの生活とつながりがあったけれど，『平和主義』や『国民主権』もみんなの生活とつながっているのかな？」と問いかけました。振り返りにおいて，つながりがあるか・ないか自分の立場を理由とともに記述する時間を設けることで，次時の学習の見通しへとつなげました。また，次時の学習で「○○さんがこんなこと書いていたんだけど…」と資料として子どもの考えを活用できるようにしました。

まとめ

①生活の中にある憲法への気づきから授業をつくる。
②身近な地域の事例を取り上げることで，より実感を伴った理解に。

参考図書　山本悦生（2020）『アウトプットする公民の授業』地歴社

（澤田　康介）

なぜ低いの？選挙の必要性を考える

1 単元「国の政治のしくみと選挙」楽しい授業づくりのコツ

(1) 子どもをひきつける！私のオススメ教材

　本単元では，国会・内閣・裁判所と国民との関わりを通して，日本の政治の仕組みについて考えていくことをねらいとします。国民としての政治の関わりについて考えていく大切な機会である一方で，国会・内閣・裁判所の役割に終始してしまうと知識に偏った授業になってしまう恐れがあります。そのため，選挙や裁判員制度に関する国民の声を授業に取り入れるなど，政治の仕組みと実社会に生きる人の姿を行き来することで，実感を伴った理解へとつなげていくことを目指しました。こうした社会の中での国民の本音を取り上げることで，単元の学習を通して自分と政治のつながりを考えることができるようにしました。

(2) 子どもが熱中する学習方法

　本単元では，実社会に生きる人々の考えを取り上げることで，「自分事」にしていくことを目指します。例えば，小学生の子どもたちも，選挙に行くことが大切であることはわかっているため，投票率の低さには驚くと考えます。そこで，選挙に行かない理由について，若い世代の人たちのインタビュー映像を授業の中で取り上げることにより，選挙に行かない人たちの立場からも選挙に対する問題点に立ち止まらせ，「どうすればよいのか」を「自分事」として考えることができる姿を引き出していきます。

2 「子どもとつくる」授業プラン

(1) 準備するもの・資料

- 教科書，資料集
- 日テレNEWS「【若者のホンネ】参院選それぞれの一票『意味ないかも』『投票しないと文句も言えない』」(https://www.youtube.com/watch?v=pN4D2G_D3AQ)
- 「裁判員候補者，無断欠席4割，最高裁が対策検討へ」(朝日新聞)

(2) 指導計画（10時間取り扱い）

第1次 不逮捕特権などをもとにしながら，「なぜ国会議員は優遇されているのか？」という問いを生み，その理由を追究する中で国会の働きなどについて説明する。また，模擬国会を行うことでどのように審議されているのか把握する。

第2次 選挙の投票率が低下している事実をもとに「投票に行かないことの何が問題なのか？」という問いを生み，選挙の価値について説明する。また，報道番組のインタビュー映像などをもとに選挙に行かない理由を把握した上で，「自分なら選挙に行かない人たちに何と声をかけるか？」について話し合う。

第3次 衆議院・参議院議長，最高裁判所長官，内閣総理大臣の給料がほぼ同じであることをもとに，三権分立の関係性や意味について説明する。

第4次 新聞記事をもとに裁判員に選出されても辞退する人が多い現実を知り，その背景について話し合う。

(3) ピックアップ授業（2時間目）

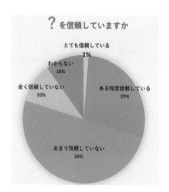

　本時の導入では，右のグラフを提示しました。「？」に何が当てはまるか話し合わせると，首相や日本などを予想する姿が見られます。「？」の答えは国会です。前時に国会の重要性について学習しているため，信頼度の低さに驚いた反応を示しました。その後，日本の投票率の推移がわかる資料を提示し，投票率が年々下がっていることに着目させます。その上で，先ほどの

言論NPO　https://www.genron-npo.net/politics/archives/7292.html 参照

グラフと照らし合わせ，「国会を信頼していない人が多いのに，なぜ選挙に行かない人が多いのか？」という問いへつなげました。

　展開場面で，国民主権や投票しないことによるデメリットについて話し合った上で，若い世代のインタビュー映像を視聴しました。「自分の1票で世の中は変わらない」「よいと思う候補者がいない」など様々な理由を聞いた上で，「自分なら選挙に行かない人たちに何と声をかけるか？」を考え，自分事へとつなげられるようにしました。以下は本時を通した振り返りです。

・授業前は選挙の価値がよく分かっていなかった。でも，授業を通して投票しないと結果的に損をしてしまうこともあるのだと感じた。

・たとえ投票した人が当選しなくても，若い人の投票率も上がることで若い人向けの政策も増えるなど，色々な意味があるのだと感じた。

3 授業をワンステップ高めるためのポイント

　本単元は重要語句などの知識的側面が多い単元でもあります。そのため，日常生活や自分自身と関連付けながら学ぶことで，生きた知識として身に付けることができるようにしました。

(1) ポイント① 客観的側面を踏まえて学ぶことができるようにする

　本時では政治に関する統計データを扱うことで，導入場面で「投票率が低い」となんとなく思っていた子どもたちが具体的に以前に比べるとどれくらい下がっているのかが分かるようにしました。国会に対する信頼や投票率のグラフを全体で共有することで資料からわかることをもとにしながら問いを生み出すことができるようにしています。

(2) ポイント② 社会に関わっていこうとする姿を見いだす

　選挙について考える際，ともすると「投票率を上げればよい」「選挙に行けばよい」というイメージを植え付けてしまうと考えます。そこで，選挙に行かない理由について若い人たちにインタビューした映像を視聴することを通して，「自分なら選挙に行かない人たちに何と声をかけるか」を考えることで，投票することの価値に目を向けることができるようにしました。

まとめ

①国民の声を取り上げることで自分事へとつなげていく。
②解決策を考える場面を位置付けることで社会に関わる姿を見いだす。

参考図書　長瀬拓也他編著（2019）『ここから始める「憲法学習」の授業』ミネルヴァ書房

（澤田　康介）

復旧・復興に欠かせない人の心

 1 単元「震災復興の願いを実現する政治」楽しい授業づくりのコツ

(1) 子どもをひきつける！私のオススメ教材

　2011年３月11日午後２時46分。宮城県沖を震源とする東日本大震災は，各地域に大きな被害をもたらしました。津波による町の壊滅，90％以上の人が溺れて亡くなるという絶望的な状況の中で，町の人々は生きるために立ち上がりました。国や県，市町村の自治体の取り組み，各種専門機関や海外との連携が見直されました。このような復興に関係ある資料はたくさんあります。しかし，資料が多すぎて，「調べて終わり」「調べて発表して終わり」という学習になりがちです。政治がどのように働いて復興を支援しているのかを学習すると同時に，当事者の当時の思い，今の思いも，しっかりと時間を確保して考え，話し合わせることが大切です。「政治は心」に気付かせます。

(2) 子どもが熱中する学習方法

　単元の最後に，SDGs の視点から，自分たちが住んでいる地域の公園づくりについて話し合わせます。SDGs の中には，「住み続けられるまちづくり」を目指す項目があります。この単元は，政治学習のまとめにもなります。日本国憲法の理念，政治の仕組みについて振り返りながら進めていくことが大切です。そして，防災や復旧，復興の視点から自分たちの身近にある公園づくりを話し合わせることで，「他人事」が「我が事」になっていきます。

2 「子どもとつくる」授業プラン

(1) 準備するもの・資料

- 教科書，社会科資料集，
- 震災の様子を伝えるニュースの動画，もしくは新聞（配慮が必要）
- 気仙沼市　舞根地区の復興の様子が分かる資料（ネットなど）
- 福島原子力発電所の爆発事故の様子が分かる資料（ネットなど）
- 鴨下全生さんの訴え（ネットなど）
- SDGs についての資料

(2) 指導計画（10時間取り扱い）

第1次 東日本大震災について発生の様子，当時の日本，自治体，海外の取り組みについて理解する。

第2次 気仙沼市舞根地区の復興の様子，市民の思いを知る。自治体と市民の思いが1つになった要因を話し合う。

第3次 福島原子力発電所の爆発事故について学習する。復興作業が進んでも，周辺住民の生活の復興には課題があることを話し合う。鴨下全生さんの訴え，取り組みも取り上げる。

第4次 地域の公園について，SDGs の視点をもとに話し合う。

⑶　ピックアップ授業（8時間目〜9時間目）

　政治学習の最後の時間になります。震災復興について学習すると同時に，みんなの願いを叶え，安全にそして安心してすごせるようにするには，どのようにしたら良いのか，市民（町民など）の視点と市議会（町議会など）の視点で考え，話し合いました。

　まず，自分たちの地域にある公園について思っていることを話し合いました。「砂場で小さい子が遊んでいる」「登校する時に，おじいちゃんたちが運動をしている」「ボール遊びが禁止されていて，どこでもできない」「遊具が古くて危険」などが意見として出てきました。

　次に，新しい公園を作るとしたら，市民としてどんな要望を出すのか話し合いました。つまり，市民としての視点です。「小さな子も安全に過ごせる」「ボール遊びができる広い公園」「おじいちゃんたちが利用しやすい公園」そして，「災害の時に，みんなが集まって助け合える公園」という意見が出てきました。もし，その意見が出てこなかったら，教師からゆさぶろうと考えていました。

　そして，その意見をもとに，自治体，議員としての視点で話し合いました。「あまりお金がかからないように」「みんなの税金を使っているから」「日常だけでなく，災害の時にも使える公園にしよう」「周りの人に迷惑にならないように」という意見が出てきました。教師からは，SDGsの考えを伝えました。最後に，「市民と議会の意見が分かれていますね。どうすればよいですか」とゆさぶりました。「一番弱い人の考えが優先かな」「災害はどこでも起こるから，避難などを優先に考えたら」という意見が出ました。

　災害はいつどこで起こるか分からない。普段から市民や議会が協力して話し合っていくことが必要と思いました。復興したと思っていたけれどまだまだ復興していないのが苦しいです。

(1) ポイント① 震災や復興の事実だけでなく，人の思いを

　災害からの復興を学ぶ学習や防災学習では，「起きたこと」や「したこと」を中心に取り上げ，「みんな大変だった」「みんなで頑張ろう」と，「みんな」で落ち着いてしまう場合がほとんどです。しかし，それでは，被災された人々の思いは理解できていません。そこで，当時の当事者（人物）に焦点を当てます。舞根地区の人々や当時の気仙沼市長の思い，原発事故で奔走した職員の方々，そして地域で被災された方。ローマ教皇に手紙を送った鴨下全生さんなどを取り上げ，それぞれの立場でどのような思いがあるのかを話し合わせることで，自分たちも政治の当事者であることに気付かせました。

(2) ポイント② 市民と議員の両方の視点で「我が事」に

　この単元の最後に，政治学習のまとめとして，「どのような公園があればよいか」を話し合いました。市民の立場としての意見，自治体，議員としての意見の両方を考え，話し合い，比較することで，いかに全員が安心，安全に暮らせる世の中を作ることが難しいか，そして大切なことか気付かせました。「他人事」が「我が事」になることで，それぞれの立場を大切にした政治が行われればと思います。

まとめ

①震災を体験し復興に関わっている人々の思いに触れる。

②住民のお互いの立場を比較することで政治の難しさを理解する。

参考図書　松森靖行他著（2020）『まるごと授業　社会　6年』喜楽研

（松森　靖行）

地球の未来につなぐ支援の視点

1　単元「二十歳の行動宣言」楽しい授業づくりのコツ

(1)　子どもをひきつける！私のオススメ教材

　本単元で大切にしたいのは，「支援とは何なのか」ということと「なぜ支援をしているのか」ということです。子どもたちがこのような問いをもつことができるような単元にするために，中村哲さんや元 JICA の方の生き方や支援から学ぶことを通して，「二十歳の行動宣言」を考える単元にしました。「自分たちがやろうとしていることは本当によい支援なのか」を自問自答しながら学んでいくことが一人一人の学びを深めていくことにつながると思います。

(2)　子どもが熱中する学習形態

　本単元では，解決したい地球規模の課題を自ら選択できるようにしました。当然，その課題を解決するための支援も個別です。しかし，そうした課題や解決策を学習支援アプリ上で共有することで，子どもたちは自然とグループをつくり始めました。そのグループは課題が似ていたり，同じ地域だったり，支援の内容が似ていたりと様々です。また，日々追究していることが変わるので，グループのメンバーも少しずつ変化していきます。こうした子どもが学ぶ仲間や対象を選択できる学習環境にすることで，自ら様々な情報にアクセスしたり，そこで得た情報を仲間と吟味したりする姿が見られました。最後の単元だからこそ，学びを子どもに委ねることも大切だと思います。

2 「子どもとつくる」授業プラン

(1) 準備するもの・資料

・教科書，資料集
・ワークショップ版・世界がもし100人の村だったら
・元 JICA の方が作ってくださった資料

(2) 指導計画（10時間取り扱い）

第1次 「世界がもし100人の村だったら」のワークショップを行い，世界の現状を体験的に理解し，日本の立場を明確にする。そして，「日本人としてよりよい社会のために何かをしたい」という思いをもつ。

第2次 中村哲さんの資料を読んだり元 JICA の方の話を聞いたりすることで，「よりよい支援のための視点」を考え，その視点を拠り所としながら自分たちにできる「二十歳の行動宣言」を考える。

第3次 互いの「二十歳の行動宣言」を聴き合い，自分にもできそうなことを選ぶ。さらに，自分が二十歳までにできる支援を具体的に考え，実行するために今やこれからの自分に必要なことを考える。

(3) ピックアップ授業（5時間目）

　子どもたちは中村哲さんや元JICAの方の取組を基に，右にあるような「よりよい支援にするための視点」を4つ考えました。子どもたちは，この4つの視点に立ち止まりながら，よりよい支援について追究していました。

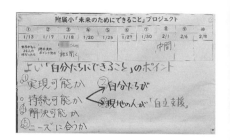

　5時間目の導入で，貧困や飢餓問題を課題としているグループに発言を促し，「支援する人たちが持続可能なことを考えた方がよい」という解決策を共有しました。これは，多くの子どもたちが「自分が持続可能な支援」を考えていたからです。その後，その視点から支援を考え直しましたが，水不足を課題としているグループが行き詰まり，「現地の人の立場に立つことが難しい。何かきっかけになるものがあったのか」と先ほどのグループに問いかけました。すると，「貧困問題の解決のため，子どもが義務教育を受けられるようにしたいと思ったが，親の収入が安定しないとそれは無理だと考えた。だから原因の解決が大切だと思った。現地の人たちだけでもできる支援にした。」という説明がありました。これにより，現地の人たちが自立できるような支援こそが大切なのだと気付くことができました。

3　授業をワンステップ高めるためのポイント

　個別の問いの解決を行うような活動を中心とした場合，それぞれの学びがなかなかかみ合わず，深まらないことがあります。そこで，それぞれの学びを評価するための視点を共有しました。別々のことを考えていたとしても同じ視点で考えていれば，共通の困り事が生じたり，友達の解決策が自分の問いの解決に役立ったりします。そうすることで，全体の場が他人事ではなく，互いの問いの解決に役立つ大切な情報交換の場になると考えます。

(1) ポイント①　視点の精度を上げる本物との出合い

　前述している視点に「プレゼンが分かりやすい」が入っていれば本質とはずれた学びが生じてしまいます。また，この視点を子どもと共創するからこそ，自ら視点に立ち止まり，視点そのものを批判的に見ることもできます。そこで，重要となってくるのが本物との出合いによって視点をつくるということです。本単元では，中村哲さんが行われていた支援がどういったものだったのかを参考にしながら，子どもたちと話し合ってつくりました。ただ，最初から完璧である必要はないと思います。子どもたち自身に「この視点も学びながらよりよいものにしていく」という見通しがあることも大切です。

(2) ポイント②　そもそもを問うことを大切に

　解決したい課題を選択的にしたことで，日本の課題に目を向ける子どももいました。そして，その子の「日本国内にも苦しんでいる人がいるのに，なぜ国際協力をするのか」という問いも単元末に考えました。「将来の貿易相手国になるかもしれないから」といった日本の利益を考える子どもがいる一方で，地球温暖化やフェアトレードの問題など，先進国としての義務や責任を理由に挙げる子どももいました。単元を通して学んできたことが生かされた時間でした。そもそもを問うことは難しい一面もありますが，子どもたちの認識を深めることができる大切な時間だと考えます。

> **まとめ**
>
> ①「よりよい支援にするための視点」を共創し，学びの土台をつくる。
> ②地球規模の課題や学び方などを子どもたちが選択できるようにする。

参考図書　ディル・H・シャンク他（2009）『自己調整学習と動機づけ』北大路書房

（村上　春樹）

命どぅ宝の島から伝えたい平和学習

　これまでの平和学習と言えば，学校や地域の差もあるが，沖縄では78年前に起きた沖縄戦について学ぶことが一般的でした。戦争体験者の方を外部講師として招き，当時について語ってもらったり，総合的な学習の時間や他教科とつなげたりしながら，学習を深めたりしてきました。戦争というものがどれだけ悲惨で残酷なものなのかを知り，平和とは何か，戦争を起こさないためにはどうあるべきかなど，考えるきっかけとしていました。しかし，子どもたちの記述などを見ていくと「平和な世の中になってほしいです」や「二度と戦争を起こして欲しくないです」という言葉を目にすることがあります。つまり，そこに自分という存在がないことがわかります。

　私たち教師が考えていくことは，多くの子どもたちが平和教育を自分事として考えられるように取り組むことです。子どもに「なぜ？」「どうして？」という問いが生まれ，知りたい，調べたいと思わせることが大切です。与えられたものを学ぶよりも自分自身でつかんだ学びは，子どもの中で本物として残り続けると思います。例えば，米軍の侵攻図から北部まではわずか2週間なのに，南部では3カ月もかかっていることがわかります。到達までに時間がかかったということはそこでの戦闘が激しいことが予想できます。自分たちの地域はどうだったのか，そこで市町村史やデジタルコンテンツの利用，集落ごとにまとめた証言の出番です。動画や資料から沖縄戦の実相に触れ，戦中戦後をたくましく生き抜いてきた人たちがいることを捉え，今日までつながれてきた命が，今の私たちであることを実感できるはずです。この命の重みが，自他の命を大切にし，平和とは何かを問い続け，これからの未来を創る子どもたちにとって大切な学習であると私は考えます。

（西　　　竜王）

あとがき

　最後まで読んで頂き，ありがとうございました。本書ができた経緯は，子どもとつくる社会科授業研究会が立ち上がったことがきっかけです。

　この研究会は，コロナ禍の中で社会科を学びたい教員が集まってオンラインで学んでいたことから始まります。コロナ禍も少し落ち着き，また対面で学び合って学ぼうと考えたところ，多くの社会科好きの先生が京都に集まりました。その熱気におされる形で研究会が正式に生まれ，研究と実践をまとめる形で書籍化に漕ぎつけることができました。

　研究会でもご講演いただいた，京都大学の石井英真先生，筑波大学附属小学校の由井薗健先生には，大変短い期間にご監修をいただき，誠にありがとうございました。また，明治図書の及川誠さんをはじめ，関係者の皆さんには本当にお世話になりました。

　最後に，教育学者の上田薫の言葉を引用して終わりたいと思います。

　ぎしぎしして窮屈な色あせた社会科はもうやめようではありませんか。子どもも教師ものびのびとおたがいのやりがいをぶつけあって我を忘れるような社会科をとりもどそうではありませんか。おそれずにやってみることです。
(『新版　社会科わかる教え方　2年』上田薫編　国土社)

　おそれずにまずはやってみましょう。明るい未来のためにすてきな社会科をこれからも子どもたちと共に！

編著者一同

【執筆者一覧】

石井　英真　京都大学

由井薗　健　筑波大学附属小学校

村上　春樹　熊本大学教育学部附属小学校

長瀬　拓也　同志社小学校

秋山　貴俊　成城学園初等学校

小川　辰巳　京都府京都市立御所南小学校

小黒　健太　新潟大学附属新潟小学校

佐野　陽平　大阪府大阪市立本田小学校

澤田　康介　北海道教育大学附属釧路義務教育学校

椎井慎太郎　新潟県佐渡市立真野小学校

永井　健太　立命館小学校

西　　竜王　琉球大学教育学部附属小学校

松森　靖行　大阪府公立小学校

安野　雄一　関西大学初等部

（2024年3月現在）

【監修者紹介】

石井　英真（いしい　てるまさ）
京都大学

由井薗　健（ゆいぞの　けん）
筑波大学附属小学校

【著者紹介】

子どもとつくる社会科授業研究会
（こどもとつくるしゃかいかじゅぎょうけんきゅうかい）

〔編集担当〕

村上　春樹

長瀬　拓也

秋山　貴俊

STEP UP　全学年対応社会科授業アイデア

2024年4月初版第1刷刊　　監修者　石　井　英　真
　　　　　　　　　　　　　　　　由　井　薗　健
　　　　　　　　ⒸⒸ著　者　子どもとつくる社会科授業研究会
　　　　　　　　発行者　藤　原　光　政
　　　　　　　　発行所　明治図書出版株式会社
　　　　　　　　　　　　http://www.meijitosho.co.jp
　　　　　　　　（企画）及川　誠（校正）関沼幸枝
　　　　　　　　〒114-0023　東京都北区滝野川7-46-1
　　　　　　　　振替00160-5-151318　電話03(5907)6703
　　　　　　　　ご注文窓口　電話03(5907)6668
＊検印省略　　　　組版所　中　央　美　版

Printed in Japan　　　　　ISBN978-4-18-378823-8
もれなくクーポンがもらえる！読者アンケートはこちらから
→

クラスを支える
愛のある言葉かけ

山田 洋一 著

「子どもとうまくいっていない」「授業がうまく進められない」いつでも語られる教師の悩みは、教師の言葉かけが原因の一つとなっていることがあります。「こうあるべき」からスタートするのではなく、根底に愛を感じる相手が受け取りやすく効果のあがる言葉かけ集です。

A５判 144 ページ／定価 1,936 円(10% 税込)
図書番号 3554

明日も行きたい教室づくり
クラス会議で育てる心理的安全性

赤坂 真二 著

いじめや不登校、学級の荒れなど教室に不安を抱える児童生徒は少なくありません。子どもが明日も行きたくなる教室づくりに必要なのは「心理的安全性」です。アドラー心理学の考え方に基づくアプローチとクラス会議を活用した「安全基地」としての教室づくりアイデア。

A５判 208 ページ／定価 2,376 円(10% 税込)
図書番号 3292

スペシャリスト直伝！
社会科授業力アップ成功の極意
学びを深める必須スキル

佐藤 正寿 著

好評のスペシャリスト直伝！シリーズ「社会科授業力アップ」編。学びを深める必須の授業スキルを、教材研究と多様な学びの生かし方もまじえて、授業場面を例にはじめの一歩から丁寧に解説。授業のスペシャリストが子どもが熱中する授業の極意を伝授する必携の１冊です。

A５判 136 ページ／定価 1,760 円(10% 税込)
図書番号 2899

シェアド・リーダーシップで
学級経営改革

赤坂 真二・水流 卓哉 著

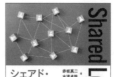

「シェアド・リーダーシップ」は、それぞれの得意分野に応じて必要なときにリーダーシップを発揮する考え方です。能力に凸凹のある子ども達が、それぞれの強みを生かしてリーダーシップを発揮していける「全員がリーダーになり活躍できる」学級経営の秘訣が満載です。

A５判 216 ページ／定価 2,486 円(10% 税込)
図書番号 4209

明治図書　携帯・スマートフォンからは **明治図書 ONLINEへ** 書籍の検索、注文ができます。▶ ▶ ▶

http://www.meijitosho.co.jp　＊併記４桁の図書番号（英数字）で、HP、携帯での検索・注文が簡単に行えます。

〒 114-0023　東京都北区滝野川 7-46-1　ご注文窓口　TEL 03-5907-6668　FAX 050-3156-2790